Willy Obrist

Die Mutation des europäischen Bewusstseins

Von der mythischen zur heutigen Weltsicht und Spiritualität

Eine Kurzfassung des Gesamtwerks

opus magnum

Dr. med. Willy Obrist

Der Humanwissenschaftler Willy Obrist (1918-2013), studierte Philosophie, Geschichte und Medizin. Nach mehreren Jahren eigener Praxis als Internist/Angiologe absolvierte er noch ein Studium der Tiefenpsychologie mit Ausbildung zum Analytiker. Seit 1970 war er Dozent für tiefenpsychologische Theorie am C. G. Jung-Institut Zürich und Mitarbeiter der Stiftung für Humanwissenschaftliche Grundlagenforschung mit dem Forschungsschwerpunkt Evolution des Bewusstseins. Obrist war Mitbegründer der Schweizerischen Gesellschaft für Religionswissenschaft, der Stiftung für Analytische Psychologie (Zürich) und der Stiftung zur Förderung der Philosophie (Mönchengladbach).

Der Hirnforscher Gino Gschwend schrieb in der Schweizerischen Aerztezeitung über Willy Obrist: „Dabei gelang ihm für die Evolution des Bewusstseins das, was seinerzeit Charles Darwin für die Bioevolution gelungen ist: der methodisch einwandfreie Nachweis, dass sich eine solche ereignet hat."

Eine Übersicht seiner Werke bei opus magnum findet sich am Ende des Buches.

Inhalt

Vorwort

Seit den 70er Jahren hat mich die Erforschung jenes fundamentalen Wandels des Welt- und Menschenbildes, der in Europa seit Beginn der Neuzeit vor sich ging, in seinen Bann gezogen. Da es sich dabei um ein hochkomplexes Geschehen handelt, konnte ich es nur in mehreren Durchgängen – in sechs Büchern – einigermaßen umfassend beschreiben.

Dabei wurde in jedem Buch zwar das Ganze skizziert, aber jeweils ein anderer Aspekt dieses säkularen Geschehens in den Vordergrund gerückt: in „Die Mutation des Bewusstseins“ (1980/2013) galt es vor allem die Ausgangssituation – die supranaturalistische, sog. archaische Weltsicht – anhand von Beispielen aus Ethnografie und Religionsgeschichte zu beschreiben.

Die Frage, wie man vor dem Hintergrund der neuen – nunmehr naturalistischen – Weltsicht noch religiös leben könne, erforderte eine umfassende Darstellung der Schulen der Spiritualität verschiedener Hochreligionen. Dabei konnte gezeigt werden, dass das Bemühen um religiöse Haltung zum Verhaltensrepertoire der Spezies Homo sapiens gehört und deshalb in ihrem Wesen unabhängig von dem gerade gültigen Weltbild ist. Beschrieben habe ich dies im Buch „Neues Bewusstsein und Religiosität“ (1988, Neuauflage „Religiosität ohne Religion“, 2009).

Da der Entdeckung des Unbewussten im Rahmen der Mutation des abendländischen Bewusstseins entscheidende Bedeutung zukam, die theoretische Seite der Tiefenpsychologie jedoch in den 70er Jahren erst ungenügend aufgearbeitet war, musste diesem Thema ein separates Buch – „Archetypen“ (1990, Neuauflage „Das Unbewusste und das Bewusstsein“, 2013) – gewidmet werden. Aus dem Bemühen, die vielen Vorurteile und Missverständnisse von Theologen gegenüber der tiefenpsychologischen Modellvorstellung der Psyche auszuräumen, ergab sich noch das Buch „Tiefenpsychologie und Theologie“ (1993/2009). Schließlich erforderte das Kerngeschehen der Bewusstseins-Mutation – der Wandel der Auffassung des Begriffspaares von Materie und Geist sowie Leib und Seele – noch eine ausführliche Darstellung („Die Natur – Quelle von Ethik und Sinn“, 1999, 2006, Neuauflage „Keine Materie ohne Geist, 2021).

Damit war mein Werk über den Wandel der Weltsicht für mich abgeschlossen. Es war aber auch ziemlich umfangreich geworden. Da nun bei der heutigen Informationsflut nur noch wenige Menschen sich die Mühe nehmen, anspruchsvolle Bücher – selbst mittleren Umfangs – gründlich zu lesen, wurde immer wieder der Wunsch nach einer kurzen Zusammenfassung an mich herangetragen. Infolge meines fortgeschrittenen Alters konnte ich mich vorerst nicht dazu entschließen. Als mich jedoch Lutz Müller, der Inhaber des Verlags „opus-magnum“, bat, eine komprimierte, übersichtliche Darstellung meiner wichtigsten Gedanken zu verfassen, konnte ich seinem Wunsch nicht widerstehen.

Willy Obrist, 2009

Nachtrag des Verlags: Diesem einführenden Band haben wir in der zweiten Auflage eine weitere – nochmals kürzere – Zusammenfassung hinzugefügt, die im Jung-Journal, Forum für Analytische Psychologie und Lebenskultur, Heft 22, 2009 erschienen ist und die u. E. zum wiederholten Rezipieren der Grundthesen des Werkes von Willy Obrist gut geeignet ist.

Einleitung

Der Wandel des Weltbilds war radikal. Ein Grundmuster des Selbst- und Weltverstehens, das seit der Steinzeit allen Kulturen zu Grunde lag – und den außereuropäischen heute noch zu Grunde liegt – wurde dabei überwunden und von einem grundlegend neuen abgelöst. Dieser Prozess setzte am Ende unseres Mittelalters ein und nahm an die 500 Jahre in Anspruch. Was dabei im Kern – d. h. unter der dem Historiker zugänglichen Oberfläche – geschah, kann allerdings nur erfasst und verstanden werden, wenn man dieses Geschehen unter dem Blickwinkel der Bewusstseins-Evolution betrachtet.

Diese neuartige Betrachtungsweise ermöglicht es nämlich, unter jene Oberfläche des Geschehens vorzudringen, welche die traditionelle geistesgeschichtliche Betrachtung erschließt. Dann werden die großen, weit ausgreifenden Bewegungen erkennbar. Ebenso zeigt sich dabei, dass jenes kollektive Geschehen den gleichen Gesetzmäßigkeiten psychischer Wandlung folgte, welche bei individuellen Wandlungen beobachtet werden können.

Die Evolution des Bewusstseins ist eben – wie die Individuation, d. h. die Umsetzung des arteigenen Programms in gelebtes Leben – weitgehend ein Naturvorgang. Mit ihr erfasst man die letzte Phase der Gesamtevolution: jenes gewaltigen Prozesses fortschreitender Komplexitätszunahme raumzeitlicher Systeme, der seit 15 Milliarden Jahren unaufhaltsam vorangeschritten ist, zuerst als Evolution der Materie, dann der unbewussten Lebewesen und schließlich – nach dem Auftreten des Menschen – als Evolution des Bewusstseins.

So betrachtet erweist sich der Wandel der abendländischen Weltsicht als Evolutionsschritt: als Schritt zu einer differenzierteren Sicht der Natur und des Menschen. Man kann ihn somit – in Analogie zu entsprechenden Ereignissen in der Evolution der Lebewesen – als Mutation und zwar als Mega-Mutation bezeichnen. Allerdings vollziehen sich Mutationen im Zug der Bewusstseins-Evolution anders als bei der Evolution der Lebewesen: nicht am Genom, sondern über die Tradition.

Obwohl die Mutation des abendländischen Bewusstseins schon in der Renaissance begann, erfolgte der Durchbruch erst im 20. Jahrhundert. Das Welt- und Menschenbild, das dabei zustande kam, ist allerdings noch kaum bekannt. Evolutionäre Durchbrüche ereignen sich eben in der Bewusstseinsspitze einer Population und diffundieren dann erst langsam – im Verlauf von Generationen – in die Breite. Die Diffusion der neuen Weltsicht zu fördern, ist das Anliegen dieses Büchleins.

Dabei werde ich so vorgehen, das ich zuerst den methodischen Ansatz zur Erforschung der Bewusstseins-Evolution skizziere, bildet die Betrachtung unter diesem Blickwinkel doch den Schlüssel zum Verständnis des tief gehenden Wandels, um den es hier geht.

Danach ist die archaische Weltsicht zu schildern: jenes schon erwähnte Grundmuster des Selbst- und Weltverstehens, das allen früheren Kulturen zu Grunde lag und das z. B. den islamischen und hinduistischen heute noch zu Grunde liegt.

Im dritten Kapitel soll gezeigt werden, wie die Bewusstseins-Evolution während der archaischen Phase verlief. Besonders einzugehen ist dabei auf die Tatsache, dass in der Philosophie der christlichen Scholastik die bis dahin immer weiter verfeinerte Auffassung des objektiv Geistigen – wegen ihres Konkretismus – sozusagen an einem Plafond anstieß und dass die Evolution nur weiter schreiten konnte, wenn eine grundlegend neue, nicht mehr konkretistische Auffassung des Begriffspaares Materie und Geist sowie Leib und Seele gefunden wurde.

Konkretismus

In der Folge wird zu schildern sein, wie diese Suchwanderung dann im Verlauf der Neuzeit vor sich ging. Dabei wird ersichtlich, dass die Mutation des Bewusstseins sich nach jener Gesetzmäßigkeit psychischen Wandels vollzogen hat, die auch bei Begleitung individueller psychischer Entwicklung beobachtet werden kann. In der Tiefenpsychologie bezeichnet man diese als Gesetzmäßigkeit von Gegensatzspannung und transzendierender Funktion. Gruppenarbeit mit Jugendlichen Karin Lackner

Da die Mutation somit in zwei Schritten vor sich ging, werde ich deren Schilderung in zwei Kapitel aufteilen. Im ersten wird zu beschreiben sein, wie durch das Voranschreiten empirisch-wissenschaftlichen Forschens sowie durch Reflexion der Philosophen der Aufklärung die Gegensatzspannung zwischen archaischer und positivistischer Weltsicht – das so genannte Dilemma zwischen Wissen und Glauben – zustande kam.

In zweiten werden wir verfolgen, wie dieses Dilemma dann im Verlauf des 20. Jh. transzendiert wurde, womit der eigentliche Durchbruch zum neuen Welt- und Menschenbild stattgefunden hat. Dabei wird sich erweisen, dass bei diesem Durchbruch die archaische wie auch die positivistisch-materialistische Weltsicht relativiert wurden bzw. „Federn lassen“ mussten.

Wir werden aber auch sehen, dass deren „noch wertvollen Elemente“ – dank unterdessen erfolgter neuer Entdeckungen und evolutionärer Erwerbungen – zu einer grundlegend neuen, evolutionsmäßig höheren Weltsicht integriert worden sind (Abb. 1, S. 12).

Da der empirische Nachweis des Unbewussten den Durchbruch zum neuen Menschenbild bewirkt hat, die theoretischen Grundlagen der Tiefenpsychologie indessen erst wenig bekannt sind, werde ich in einem separaten Kapitel deren wichtigste Grundbegriffe erläutern. ab S. 55

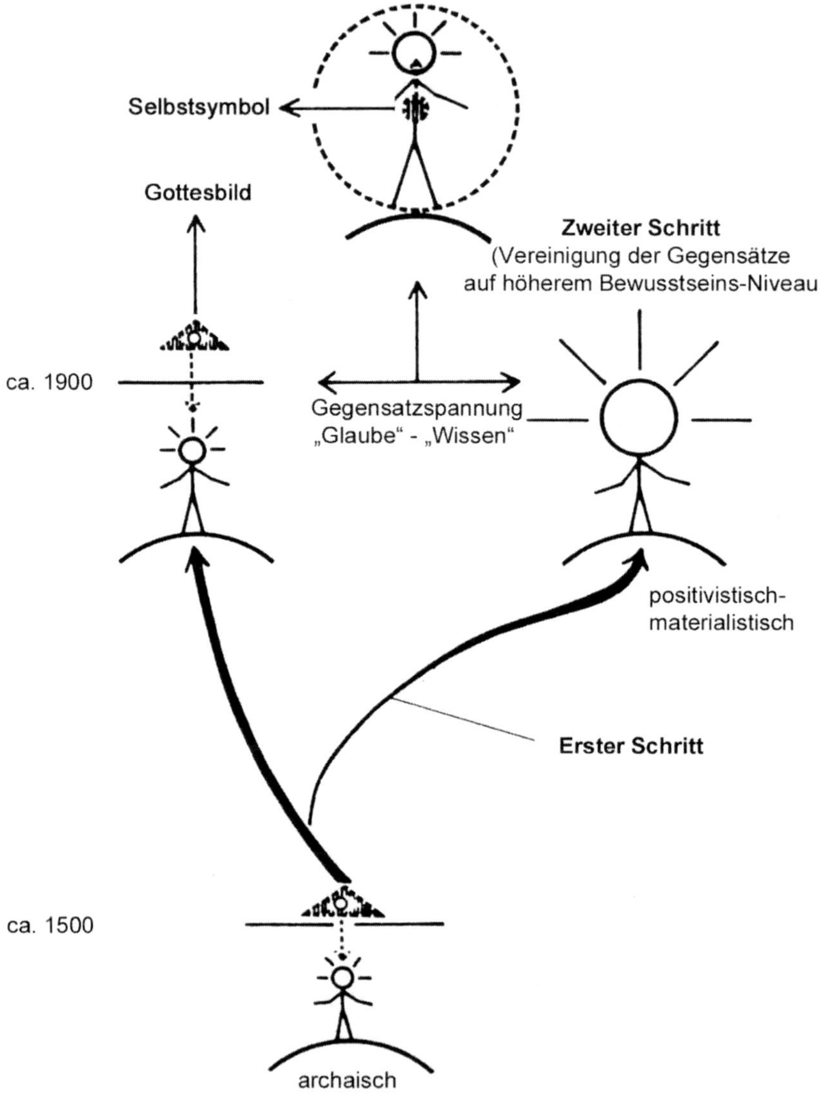

Abb. 1 Zwei Schritte der Bewusstseinsevolution

Für das Verständnis des neuen Weltbildes wird es erforderlich sein, noch auf den evolutionären Wandel der Vorstellung von Materie und Geist einzugehen: insbesondere auf den Wandel der Vorstellung des objektiv Geistigen – jenes Geistigen, das schon da war, bevor Bewusstsein, d. h. subjektiv Geistiges – in die Existenz trat.

Ferner wird im Rahmen des neuen Selbst- und Weltverständnisses noch auf die grundlegend neue Auffassung von der Quelle ethischer Normen einzugehen sein sowie auf die daraus resultierende neue Auffassung von Spiritualität: auf die – der heutigen Bewusstseinsebene entsprechende – Religiosität ohne Religion.

Zum Schluss werden wir uns noch darüber Rechenschaft geben, dass wir – nach dem Durchbruch zu einer grundlegend neuen Weltsicht – an der Schwelle nicht nur eines neuen, sondern eines völlig neuen Zeitalters stehen.

Ausgangslage

Zur Erforschung der Bewusstseins-Evolution

Der Begriff „Evolutionstheorie“ wird in zwei verschiedenen Bedeutungen verwendet: zum einen zur Bezeichnung der empirisch erwiesenen Tatsache, dass eine fortschreitende Komplexitätszunahme raumzeitlicher Systeme stattgefunden hat; zum andern für das Bemühen, zu erklären, wodurch diese bewirkt worden ist.

Im Folgenden geht es um Evolution in der ersten Bedeutung: um die Schilderung, wie dieser Prozess vor sich gegangen ist. Auf die Frage, was die Evolution bewirkt habe, werde ich am Schluss zurückkommen: im Rahmen der Erörterung der neuen Auffassung des Begriffspaares Materie und Geist. Es wird sich dann zeigen, dass die von Darwin und seinen Nachfolgern vertretene materialistische Evolutionstheorie beim zweiten Schritt der Mutation überholt worden ist. Allerdings bedeutet dies – um es schon jetzt zu sagen – keinen Rückfall in den archaischen Kreationismus, der heute in den USA noch so verbreitet ist!

Von einer Evolution des menschlichen Geistes wurde gesprochen, schon lange bevor Darwin die Evolution der Lebewesen nachgewiesen hat. Allerdings sprach man damals noch von kultureller Evolution. Es waren denn auch Kulturwissenschaftler bzw. Kulturphilosophen, die hierzu Entwürfe vorlegten. Diese wurden allerdings von Leuten, denen das Reden von kultureller Evolution ein Dorn im Auge war, vehement bestritten: vor allem von Theologen, die mit sicherem Instinkt erfassten, dass damit an dem Ast gesägt wurde, auf dem sie saßen.

Die Entwürfe der Kulturphilosophen konnten von deren Gegnern verbal vom Tisch gewischt werden, weil ihr methodischer Ansatz ungenügend war: weil dieser kein Maß zur Bestimmung der Evolutionshöhe enthielt. In den Siebzigerjahren des vergangenen Jahrhunderts ist es mir dann – im Rahmen der Stiftung für Humanwissenschaftliche Grundlagenforschung – gelungen, einen methodischen Ansatz zu erarbeiten, der greift. Dieser ist allerdings nicht mehr spekulativ-philosophisch, sondern naturwissenschaftlich fundiert. Auch wird dabei nicht mehr von kultureller Evolution gesprochen, sondern von Evolution des Bewusstseins: jenes kognitiven Systems, das den Menschen befähigt, Kultur – und zwar objektunabhängige Kultur – hervorzubringen. Mit objektunabhängig ist gemeint, dass kulturelle Errungenschaften nicht mehr nur durch Vormachen weitergegeben werden können, wie dies z. B. bei den wenigen „Erfindungen" der Schimpansen noch der Fall ist.

Dem neuen methodischen Ansatz liegen folgende Überlegungen zu Grunde. Um den Komplexitätsgrad (die Evolutionshöhe) eines Systems – sei dieses ein atomares, ein molekulares, ein lebendiges oder ein kognitives – zu bestimmen, muss man dessen grundlegende Eigenschaften kennen. Nun kann man diejenigen des kognitiven Systems Bewusstsein an heutigen Menschen nicht mehr bestimmen, da es hier ja schon eine lange Evolution hinter sich hat, in deren Verlauf sekundäre Fähigkeiten wie Syntax, Abstraktionsvermögen, gerichtetes (logisches) Denken usw. erworben worden sind. Es musste somit nach den evolutionären Anfängen von Bewusstsein gefragt werden.

Nun wusste man aus der systemischen Betrachtung der Evolution, dass beim Schritt von einem einfacheren zu einem komplexeren System jeweils neue, vorher noch nie da gewesene Eigenschaften in die Existenz treten. Konrad Lorenz schuf für dieses „Aufscheinen" des Neuen den Ausdruck Fulguration (vom lateinischen fulgur, Blitz). Um die grundlegenden Eigenschaften von Bewusstsein zu bestimmen, musste man also herausfinden, welche kognitive Fähigkeit beim Schritt vom Tier zum Menschen – vom unbewussten zum bewussten Lebewesen – zu den schon so hochkomplexen kognitiven Fähigkeiten der evolutionsmäßig höchsten Wirbeltiere hinzugekommen ist.

Ferner wusste man, dass dann, wenn ein solcher Schritt fällig war, jeweils in der Stammgruppe, in der er sich dann ereignete, so etwas wie ein Tasten nach dem Neuen stattgefunden hat. Es galt also zu fragen, ob vor dem In-die-Welt-Treten von Bewusstsein in unserer Stammgruppe so etwas wie ein Tasten auf Bewusstsein hin festzustellen war. Kandidaten dafür waren die Schimpansen, unsere nächsten stammesgeschichtlichen Verwandten. Tatsächlich ergaben die Spiegelexperimente, dass diese über eine kognitive Fähigkeit verfügen, die niedrigere Augentiere noch nicht haben. Während nämlich niedrigere Augentiere ihr Spiegelbild oft angreifen, weil sie „glauben", in ihm einen Rivalen zu sehen, erkennen Schimpansen im Spiegel sich selbst. Die kognitive Fähigkeit, deren Fulguration sich darin anzeigt, wird bezeichnet als Fähigkeit zur Unterscheidung zwischen Ich und Nicht-Ich bzw. zwischen Subjekt und Objekt. Sie gilt denn auch als die charakteristische Eigenschaft von Bewusstsein.

Bei Schimpansen ist die Evolution allerdings auf dieser allerprimitivsten Stufe von Bewusstsein stehen geblieben. Der Durchbruch zur vollen Bewusstheit erfolgte erst auf jenem Entwicklungszweig, der zu Homo sapiens geführt hat. Innerhalb unserer Spezies vollzog sich dann das Weiterschreiten der Bewusstseins-Evolution bis zum heutigen Niveau.

Nun sind wir – aufgrund der Struktur von Bewusstsein – beim Erfassen der objektiven Wirklichkeit gezwungen, Unterscheidungen zu treffen bzw. Begriffspaare zu bilden. So müssen wir denn (heute) an der Fähigkeit zur Unterscheidung von Ich und Nicht-Ich zweierlei auseinander halten: zum einen die Fähigkeit, uns selber als etwas vom Nicht-Ich – der objektiven Wirklichkeit – Getrenntes zu erkennen, zum andern die Fähigkeit, am Nicht-Ich Unterscheidungen zu treffen und – was besonders weiterführend ist – dabei immer weiter hinter die Fassade des bloßen Augenscheins vorzudringen. An beiden dieser Eigenschaften von Bewusstsein konnte nun eine echte Evolution nachgewiesen werden.

Noch Folgendes ist zu beachten. Im Verlauf der gesamten Evolution – also seit dem „Urknall" – ging Zunahme von Komplexität immer Hand in Hand mit Diversifikation. Während aber bei der Bio-Evolution – auf jeder erreichten neuen Ebene – eine Diversifikation in Arten (Spezies) stattfand, ereignete sich bei der Evolution des Bewusstseins Diversifikation in Kulturen. Nun wird eine Spezies dadurch bestimmt, dass sich die zu ihr gehörenden Individuen mit denen einer andern nicht mehr paaren. Für Kulturen ist hingegen Vermischung geradezu charakteristisch. Oft geht davon sogar ein kreativer Schub aus.

Zu beachten ist ferner, dass, wie schon erwähnt, Erträge bei der Bio-Evolution über das Genom an die folgenden Generationen weitergereicht werden, bei der Evolution des Bewusstseins hingegen über die Tradition. Dank der Fähigkeit des Menschen, sich verbal zu äußern, kann er neue Einsichten andern mitteilen. Im Gedächtnis der Gruppenmitglieder, in Büchern oder neuerdings in elektronischen Speichern sind sie dann gleichsam in einem Depot aufgehoben. Aus diesem können sich folgende Generationen während ihrer Sozialisation die gespeicherten Inhalte aneignen. Und wenn sie selber etwas Neues herausfinden, können sie es wiederum in dieses Depot einspeisen.

Unterschiedlich ist ferner die Konstanz von biologischen Arten und Kulturen. Arten können sich über Millionen von Jahren gleich bleiben. Bei Kulturen findet jedoch immer wieder ein Aggiornamento (ital. aggiornamento: Anpassung, Modernisierung) statt. Dabei werden überholte Vorstellungen fallen gelassen. Aus diesem Grund kann die Evolution des Bewusstseins nicht so vollständig rekonstruiert werden wie die der Lebewesen. Kompensiert wird dieser Mangel bis zu einem gewissen Grade dadurch, dass geografisch unterschiedliche kulturelle Stränge verschieden rasch vorangeschritten sind. Dem ist es zu verdanken, dass noch in jüngerer Zeit recht frühe Stadien erfasst werden konnten sowie auch die Tatsache, dass heute noch – trotz fortgeschrittener Kommunikationstechnologie – viele Ethnien auf überholten Stufen verharren. Dies beruht auf einer der Neigung zum Aggiornamento entgegengesetzten Tendenz: auf der Neophobie bzw. dem (unbewussten) Widerstand gegen Bewusstwerdung.

Wie wurde nun bei der Erforschung der Bewusstseins vorgegangen? Man ging von der Tatsache aus, dass der Mensch dank seines Bewusstseins in der Lage ist, Kultur zu schaffen. Aus dem Grad der Fähigkeit zur Unterscheidung zwischen Ich und Nicht-Ich, der in einer Kultur zum Ausdruck kam, konnte dann zurück geschlossen werden auf den Komplexitätsgrad des kognitiven Systems Bewusstsein jener Menschen, welche die betreffende Kultur geschaffen hatten. Dabei war zwar von den Ergebnissen kulturwissenschaftlicher Forschung auszugehen, doch mussten Kulturen unter einem anderen Blickwinkel betrachtet werden als dies bei Kulturhistorikern üblich ist. Während diese bestrebt sind, Kulturen mit all ihren Facetten darzustellen und deren Unterschiede gegenüber anderen herauszuarbeiten, galt es zur Erforschung der Bewusstseins-Evolution an eine Kultur nur eine einzige Frage zu stellen: die Frage, was für ein Grad der Fähigkeit zur Unterscheidung zwischen Ich und Nicht-Ich sich ich ihr ausdrücke.

Das archaische Selbst- und Weltverständnis

Bei diesem Vorgehen musste vorerst noch ein Problem gelöst werden. Es ergab sich aus der Tatsache, dass in früheren und fremden Kulturen das Denken von unserem heutigen völlig verschieden war. Aus diesem Grund sind Aussagen und Vorstellungen – nicht nur von sog. Primitiven, sondern auch von Theologen der Hochreligionen – für uns oft nicht mehr nachvollziehbar. Dies hängt damit zusammen, dass deren Denken von anderen Voraussetzungen ausging und ausgeht: dass es durch andere „Vorverbindungen" geleitet wurde und wird.

Um den Grad des Unterscheidungsvermögens, der darin zum Ausdruck kam, zu bestimmen, musste vorerst einmal jenes Denken in seiner Struktur herausgearbeitet werden. Bei der außerordentlichen Verschiedenheit von Kulturen und religiösen Vorstellungen schien dies zuerst ein kaum zu bewältigendes Unternehmen zu sein.

Da stellte ich mir die Frage, ob dieser Mannigfaltigkeit im Verlauf der Zeit und der geografischen Breite nicht ein allem gemeinsames Grundmuster des Selbst- und Weltverstehens zu Grunde liege. Durch interkulturellen Vergleich konnte dann tatsächlich ein solches herausgearbeitet werden. Ich nannte es, um es vom heutigen, neuen zu unterscheiden das archaische (vom griechischen archaios, d. h. alt bzw. veraltet) Welt- und Selbstverstehen.

Das Erkennen dieses Musters allein genügte allerdings noch nicht. Um den Grad der Fähigkeit zur Unterscheidung zwischen Ich und Nicht-Ich, der in einer Kultur zum Ausdruck kam, zu bestimmen, musste jenes Denken noch in seiner inneren Logik verstanden werden. Den Schlüssel dazu bot der durch die Entdeckung des Unbewussten zustande gekommene neue Typus empirischer Wissenschaft: die Tiefenpsychologie. Dank der Erschließung der Sprache des Unbewussten – der Bildersprache, in der Träume, Visionen und Wachfantasien sowie die aus diesen entstandenen Mythen kodiert sind – wurde es möglich, die archaischen Gedankengänge in unsere heutige Verstehensweise zu übersetzen. Es ergab sich dabei sogar, dass viele von ihnen – die sog. religiösen Mythen – wahr sind: zwar nicht physisch wahr, wie man bei archaischer Weltsicht annahm, sondern psychisch wahr. Das heißt, dass sie – in einer Bildersprache kodierte – wahre Aussagen über psychische Sachverhalte und Gesetzmäßigkeiten enthalten.

Ich werde nun so vorgehen, dass ich zuerst das Grundmuster des archaischen Selbst- und Weltverständnisses schildere. Es kann sich dabei nur um eine Skizzierung handeln. Ausführlich dargestellt und mit Beispielen belegt habe ich es in meinem Buch „Die Mutation des Bewusstseins".

Später – bei der Schilderung der theoretischen Grundlagen der Tiefenpsychologie – wird dann darauf einzugehen sein, wie die archaischen Vorverbindungen des Denkens zustande kamen. Dann wird auch ersichtlich werden, dass deren „Umdrehung um 180 Grad" den Kern dessen ausmacht, was ich als Mutation des Bewusstseins bezeichne.

Charakteristisch für die archaische Weltsicht (Abb. 2) ist die Unterscheidung zwischen zwei Bereichen der Wirklichkeit: einem sichtbaren und einem unsichtbaren. Man verwendete zur Bezeichnung der beiden Bereiche auch die Begriffspaare diesseitig und jenseitig, natürlich und übernatürlich, physisch und metaphysisch, immanent und transzendent.

Vom jenseitigen Bereich glaubte man, er sei von unsichtbaren Wesen bewohnt: zum einen von autochthonen, d. h. solchen, die immer schon – als Götter oder Zwischenwesen wie Engel und Dämonen – dort gelebt haben, zum andern von „weiterlebenden Toten", d. h. von Wesen, die einst als Menschen im Diesseits lebten.

Drei Fähigkeiten schrieb der archaische Mensch den jenseitigen Wesen zu: erstens die Fähigkeit, akausal, d. h. durch bloßes Denken und Wollen auf das Diesseits einzuwirken (Wunder), zweitens die Fähigkeit, sich dem Menschen mitzuteilen (zu offenbaren) und drittens die Fähigkeit, sich zu inkarnieren, d. h. einen fleischlichen Leib anzunehmen. Offenbaren „konnten" sich jenseitige Wesen auf dreierlei Weise: zum einen in der Natur durch Vorzeichen oder in Orakeln, zum andern im Geschick, das einem Menschen oder einem Volk widerfuhr und schließlich – als wichtigste Offenbarungsart – im Gesicht, d. h. in Träumen und Visionen.

Diese Offenbarungen geschahen – nach archaischer Vorstellung – auf übernatürliche Weise. Indessen „konnte" sich ein göttliches Wesen während seiner Inkarnation den Menschen auf scheinbar völlig natürliche Art mitteilen. In der theologischen Theorie – zumindest der christlichen – galt allerdings auch dies, da es von einem göttlichen Wesen geäußert wurde, als übernatürlich Offenbartes.

Alles Wissen über das Jenseits schrieb man einem Offenbarungsvorgang zu, ebenso auch einen Teil des Wissens über das Diesseits. Aus der Reflexion über Offenbartes gingen die Theologien hervor. Seit der Entdeckung des Unbewussten bzw. der inneren Wahrnehmung bezeichnen wir „Offenbartes" als Mythen: als historisch manifest gewordene Gestaltungen des Unbewussten. Dabei unterscheiden wir zwischen religiösen Mythen, d. h. solchen über jenseitige Wesen und deren Taten sowie erklärenden Mythen, d. h. solchen, welche Naturvorgänge und die Vergangenheit des Stammes oder Volkes „erklären".

Da der archaische Mensch annahm, die Jenseitigen seien ihm überlegen und überwachten sein Tun, war er bemüht, ihnen gegenüber eine religiöse Haltung einzunehmen, d. h. bei seinen Entscheidungen deren Willen zu beachten (lateinisch: religere).

Aus dem kollektiven Bemühen um diese Haltung sind die Religionen hervorgegangen. Wir können diese umschreiben als soziokulturelle Gebilde, die aus der archaischen Weltsicht hervorgegangen sind: als geistliche Gemeinschaften mit bestimmten Vorstellungen über das Jenseits – dem sog. Glaubensgut – mit bestimmten Verhaltensmustern, nämlich magischen Praktiken und Riten sowie schließlich mit einem bestimmten, auf Partizipationserleben beruhenden Selbstverständnis (z. B. katholische Kirche als mystischer Leib Christi). Der Magie und dem Ritus lag die Vorstellung zu Grunde, dass auch bestimmte Menschen akausale Wirkmacht besitzen.

Bei magischen Praktiken „bewirkte" der Mensch Veränderungen der Dinge aus eigener Macht, indem er ihnen vorsagte und vormachte, wie sie sein sollen. Diese Praktiken gehören einer niedrigen Evolutionsstufe des Bewusstseins an. Sie sind Ausdruck einer erst geringen Entwicklung der Fähigkeit des Ich, sich als etwas vom Nicht-Ich Getrenntes zu erkennen. Da der Mensch auf jener Stufe sein Unbewusstes noch weitgehend außen – in der Projektion – erlebte, fühlte er sich bedroht von einer Unzahl unsichtbarer Mächte. Diesen trat er mit magischen Sprüchen und Gesten entgegen, um sie zurückzudrängen oder sich gefügig zu machen. Auch fühlte sich der Mensch damals noch verwandt mit – bzw. unabgetrennt von – der Gruppe, von Pflanzen und Tieren, sogar von der Erde, Gewässern und Bergen. Man bezeichnet jenes Weltgefühl als Partizipationserleben. Da sein Ich – das „Zentrum" seines Bewusstseins – damals noch schwach und unbeständig war, hatte er zudem das Gefühl, die Dinge seien noch nicht fest und beständig; sie könnten sich jederzeit auf unvorhersehbare Weise verändern. Auch dem trat der frühe Mensch mit magischen Praktiken entgegen, um damit zu bewirken, dass die Dinge fest blieben oder so wurden, wie er es haben wollte.

Riten künden schon von einer höheren Evolutionsstufe des Bewusstseins. Sie setzen gewachsene Mythen voraus. Im Unterschied zu den magischen Praktiken kann rituelles Tun als akausales Bewirken mithilfe metaphysischer Wesen bezeichnet werden. Beim Vollzug eines Ritus dramatisierte der Zelebrant (bei uns Priester genannt) jeweils eine Szene des Mythos auf zeichenhafte, jedoch genau vorgeschriebene Weise. Man glaubte, in dem Moment, in dem die Szene aufgeführt werde, geschehe das darin Erzählte wieder. Charakteristisch für die archaische Auffassung des Ritus ist – im Unterschied zu den heute üblichen Ritualen – dass man glaubte, durch den Vollzug des Ritus werde eine ontologische Veränderung bewirkt (z. B. im Euchariatie-Ritus die Wandlung von Brot und Wein zu Fleisch und Blut Christi oder beim Ritus der Priesterweihe vom „gewöhnlichen" Menschen (Laien) zu einem für den Rest des Lebens wirkmächtigen Wesen).

Außer dem Glauben an akausale Wirkmächtigkeit war für die archaische Weltsicht auch eine bestimmte Auffassung von Raum und Zeit charakteristisch. Den Raum stellte man sich, wie schon gesagt, noch nicht fest vor, sondern dynamistisch. Auch schrieb man ihm „moralische" Qualitäten zu. So gab es für jene Menschen gute und schlechte Orte: Orte der Theophanie, wo gute jenseitige Wesen mit Vorliebe verweilten oder verruchte Orte, wo – nach christlicher Ansicht – der Teufel sein Unwesen trieb. Die Zeit stellte man sich noch nicht linear voranschreitend vor, sondern – da man sozusagen im Moment lebte – präsentisch. Die Beobachtung der Jahreszeiten und des gestirnten Himmels führte gleichzeitig zur Vorstellung einer kreisenden Zeit. Ferner „wusste" man um gute und schlechte Zeiten und „Magier" hatten die Aufgabe, den richtigen Zeitpunkt für ein Unternehmen zu „erkennen". Diese Auffassungen wurden jedoch schon während der archaischen Phase teilweise durch heute gültige überschichtet.

Bewusstseins-Evolution während der archaischen Phase

Die Mutation des Bewusstseins kam nicht aus heiterem Himmel. Obwohl sie erst mit Beginn der Neuzeit eingesetzt hat, fand doch schon während der archaischen Phase eine beträchtliche Evolution des Bewusstseins statt. Diese schritt voran sowohl auf dem metaphysischen Zweig – durch Auseinandersetzung mit dem „Jenseits" und den „Jenseitigen" – als auch auf dem physischen Zweig: durch Auseinandersetzung mit dem „Diesseits". An evolutionärem Ertrag, der die Voraussetzung für die Mutation bildete, überwog allerdings die Evolution auf dem metaphysischen Zweig beträchtlich. Deshalb soll hier vor allem auf diese eingegangen werden. Dabei lassen sich vor allem fünf Entwicklungsstränge ausmachen.

Als Erstes erkennt man eine lang anhaltende Bewegung, die man als „Hochschieben des Himmels" bezeichnen kann. Galt nämlich auf der Ebene der Stammesreligionen das Jenseits noch gleichsam mit den sichtbaren Dingen verhaftet („heilige" Bäume, „heilige" Berge usw.), stellte man es sich immer weiter entfernt vor, zuletzt jenseits des „Sternenzelts" (Abb. 2, S. 26).

Im Zug dieses Hochschiebens wurden die metaphysischen Populationen reduziert. „Gab" es in den Stammesreligionen noch Heerscharen von Geistern, strebte die Entwicklung über die Götterfamilien der polytheistischen Religionen schließlich dem Monotheismus zu.

Hand in Hand mit dem Hochschieben des Himmels und der Reduktion der jenseitigen Wesen fand eine Entwicklung der Mythen und Riten statt.

Die Mythen wurden immer weniger plump. So wird z. B. von den Maori – einer evolutionsmäßig weit zurückgebliebenen Ethnie auf Neuseeland – in ihrem Schöpfungsmythos (heute

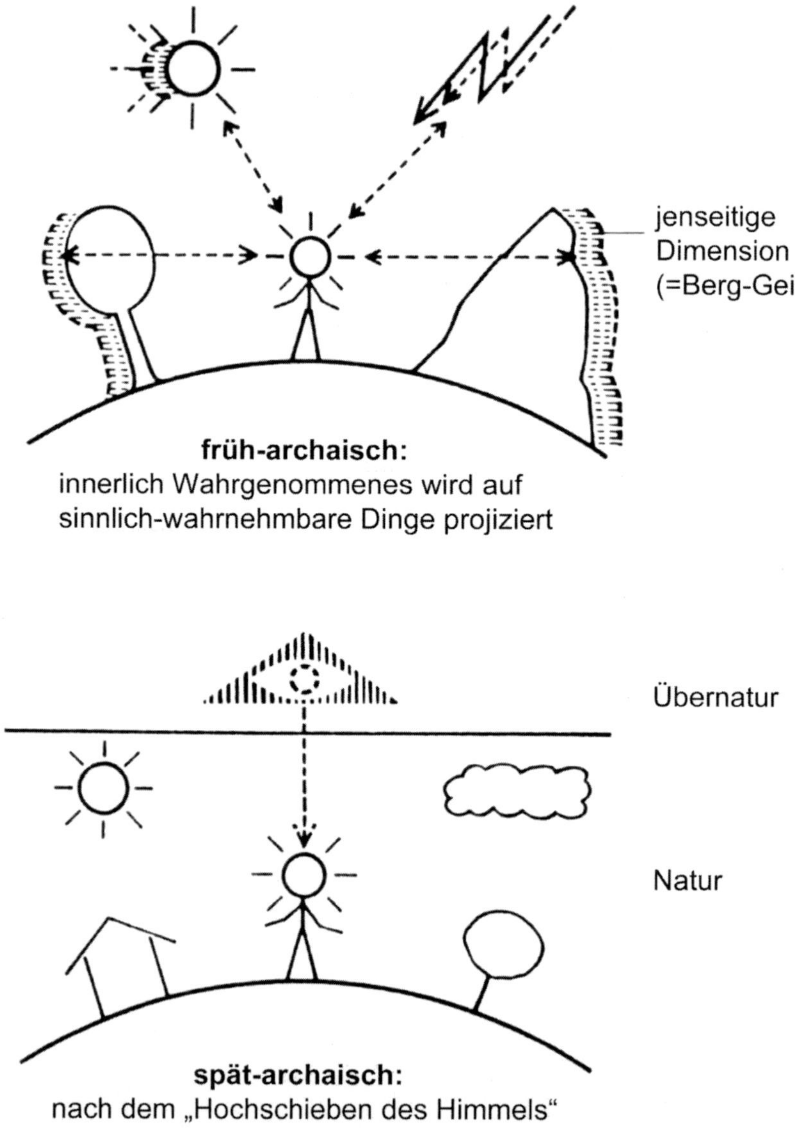

Abb. 2 Das archaische Weltbild

noch!) erzählt, am Anfang der Zeit habe ihr Urahn an einer Angel die Insel aus dem Meer gezogen. Dann habe er den Himmel emporgehoben, sodass die Sonne herein scheinen konnte. Die Sonne sei aber so schnell gelaufen, dass die Menschen bis zum Abend mit der Arbeit nicht fertig wurden. Da habe der Urahn sie mit einem Strick geschlagen, bis sie ihr Tempo mäßigte. Was für ein evolutionärer Abstand von dieser primitiven Form sich im jüdischen Mythos von der Schöpfung aus dem Nichts durch Worte allein manifestiert, ist wohl leicht erkennbar.

Bei den Riten wandelte sich vor allem die Vorstellung, wofür diese vollzogen werden müssen. So dramatisieren z. B. die Chortis, ein Indianervolk in Guatemala, das (unter der Oberfläche des Christentums) noch die Religion der Maya pflegt, nach der Wintersonnenwende ihren Schöpfungsmythus. In diesem wird erzählt, ihr Gott, die Sonne, habe am Anfang der Zeit zu steigen begonnen, um durch ihre Bahn im Verlauf eines Jahres die Welt zu vermessen. Beim Vollzug des Schöpfungsritus steigen die Priester der Chortis in raschem Gang auf einen „heiligen“ Berg hinauf, feiern dort oben an einem kleinen „heiligen“ See ein „heiliges“ Mahl zusammen mit dem „herabgestiegenen“ Gott. Dann suchen sie am Ufer des Sees mit großer Sorgfalt fünf „heilige“ Steine aus. Mit diesen errichten sie nach der Heimkehr in ihrem Tempel das „heilige“ Idol – den „mystischen Leib“ ihres „einen Gottes in fünf Personen“. Sie glauben auf diese Weise zu bewirken, dass die Sonne nach der „düsteren Zeit“ wieder aufsteigt und dass die (zum Rückfall ins Chaos neigende) Welt weiter besteht.

Im Verlauf der Bewusstseins-Evolution wurde dann der Vollzug von Riten, welche Schöpfungs- Agrar- Kriegs- usw. „Heil“ bewirken sollten, mehr und mehr aufgegeben. Es wurden fast nur noch Riten zum Bewirken von Seelenheil begangen wie z. B. die sakramentalen Riten der katholischen Kirche.

Von besonderer Bedeutung in Hinblick auf die Mutation des Bewusstseins ist jedoch folgende Entwicklungslinie. Hand in Hand mit dem Hochschieben des Himmels stellte man sich die jenseitigen Wesen immer weniger materiell vor. In evolutionsmäßig niedrigen Kulturen hatte man sich nämlich diese ungefähr von gleicher Konsistenz vorgestellt wie die „diesseitigen". Durch die schrittweise Entmaterialisierung jenseitiger Wesen kam immer deutlicher die Unterscheidung zwischen einem materiellen Diesseits und einem geistigen Jenseits zustande. Das daraus resultierende Begriffspaar von Materie und Geist war wohl einer der wichtigsten Erträge der Bewusstseinsevolution unter archaischen Vorzeichen.

In der archaischen Auffassung dieses Begriffspaares lag aber m. E. auch der Grund für die Mutation des Bewusstseins. Die Entmaterialisierung jenseitiger Wesen trug nämlich ihre strukturelle Beschränktheit in sich. Wegen der damals noch konkretistischen (nicht bildsprachlichen) Auffassung der Gestaltungen des Unbewussten strebte die Entmaterialisierung – wie eine konvergierende Zahlenfolge – einem Grenzwert zu: dem Begriff des „rein geistigen" Wesens. Nun kann aber bekanntlich eine mathematische Reihe den Grenzwert, dem sie zustrebt, nie erreichen, wenn auch der Abstand ihres letzten Gliedes zum Grenzwert kleiner und kleiner wird. Ebenso konnte die Entkörperlichung jenseitiger Wesen, die ja nur in der Vorstellung stattfand, nie so weit getrieben werden, dass völlige Körperlosigkeit bzw. reine Geistigkeit erreicht worden wäre. Ganz ohne Stoff kann man sich nämlich ein real existierendes Wesen, das machtvoll auf das Diesseits einwirkt und sich dem Menschen offenbart, weder denken noch vorstellen.

Als die Annäherung an den Grenzwert des „rein geistigen" Wesens im Zug der Scholastik infinitesimal geworden war, drohte die Evolution des Bewusstseins an einem Plafond anzustoßen. Sie konnte nur weitergehen, wenn eine grundlegend neue, nicht mehr konkretistische Vorstellung des Geistigen gefunden wurde. Dabei ging es, wie schon gesagt, um das objektiv Geistige, d. h. um jenes Geistige, das schon da war, lange bevor das Bewusstsein – das subjektiv Geistige – in die Existenz trat.

Übrigens hatte auch die Evolution auf dem physischen Zweig – zurzeit der griechischen Klassik – zu einer Vorstellung des objektiv Geistigen geführt und zwar ebenfalls zu einer konkretistischen. In der Zeit zwischen 600 und 300 v. Chr. hatten die Griechen nämlich gelernt zu abstrahieren. Einige Denker stellten sich daraufhin die Frage, was für eine Art Existenz den abstrahierten Begriffen zukomme. Bekanntlich haben Plato und Aristoteles hierzu entgegengesetzte Auffassungen vertreten. Betrachten wir hier nur die von Plato. Der Frage, welche von beiden die Richtige sei, wurde nämlich erst in unserem Mittelalter gründlich nachgegangen.

Plato – als Grieche – bezeichnete das, was wir heute Abstracta nennen, als eidoi, was so viel heißt wie Urbilder. Meistens wird dies mit „Ideen" übersetzt. Plato lehrte nun, diese existierten vor den Dingen. Sie befänden sich in einer Art Himmel und nähmen dann erst als „Dinge dieser Welt" Gestalt an. Plato nahm also an, die Abstracta können für sich allein existieren; sie seien somit etwas Konkretes, wenn auch – wie die späteren „rein geistigen Wesen" der Scholastik – etwas sehr subtil Konkretes. In der Geschichte der Philosophie wird Platos Auffassung von der Existenzweise der Abstracta als Realismus (von lateinisch res, Sache) bezeichnet. Um der Einheitlichkeit der Terminologie willen bezeichne ich sie indessen als Konkretismus: als Begriffs-Konkretismus im Unterschied zum metaphysischen Konkretismus der Theologen.

Der Wandel der Auffassung des objektiv Geistigen ist denn auch der Kern der erwähnten Mutation des Bewusstseins, bei welcher die archaische Weltsicht überwunden und damit den Religionen das erkenntnistheoretische Fundament entzogen worden ist. Religiöse Haltung wurde – dies sei schon hier erwähnt – davon nicht berührt. Sie veränderte sich lediglich von Religiosität mit Religion zu Religiosität ohne Religion.

Bevor wir darauf eingehen, müssen wir jedoch noch schauen, wie der evolutionäre Wandel des Welt- und Menschenbildes vor sich gegangen ist. Auch dies kann ich hier nur skizzieren.

Erster Schritt der Bewusstseins-Mutation

Seit der Renaissance verlagerte sich das Interesse der geistig wachen Menschen auf das „Diesseits". Aus dem Bemühen, Natur und Geschichte zu ergründen, erwuchs ein völlig neuer, von der Theologie – der hermeneutischen („Offenbartes" deutenden) Wissenschaft – kategorial verschiedener Wissenschaftstyp: der Natur und Kultur erforschende empirische.

Vorarbeit der Scholastik

Bis das geistige Rüstzeug empirischen Forschens fertig ausgearbeitet war, dauerte es fast dreihundert Jahre. Indessen musste damit nicht erst in der Renaissance begonnen werden. Die scholastischen Theologen und Philosophen hatten nämlich hierzu – den Blick noch auf den Himmel gerichtet – schon bedeutsame Vorarbeit geleistet: durch das Einüben des logischen Denkens, das Durchführen des Universalienstreits sowie den (gescheiterten) Versuch, die Naturkunde des Aristoteles in die Theologie einzubauen. Mit diesen drei Unternehmungen schufen die Scholastiker eine unabdingbare Voraussetzung für das spätere Zustandekommen jenes geistigen Instrumentariums, das den Siegeszug der Naturwissenschaften ermöglicht hat.

Nicht direkt für den Siegeszug der Naturwissenschaften, jedoch für die Mutation des Bewusstseins überhaupt schuf das Mittelalter noch eine weitere Voraussetzung. Dies allerdings außerhalb der Scholastik. Es war der hartnäckige Widerstand deutscher Kaiser gegen den Versuch der Päpste, die gesamte Herrschaft – die geistliche wie die weltliche – an sich zu reißen. Indem die Kaiser schließlich siegten – als unter Ludwig dem Bayer 1338 der Reichstag in Frankfurt das sog. Weistum von Rhense zum Reichsgesetz erklärte – war die Grundlage für die spätere Trennung von Kirche und Staat gelegt. Zwar haben einige Scholastiker sowie Laienphilosophen den Kaisern gedankliche Schützenhilfe geleistet. Durchgeführt haben aber die Kaiser den

Kampf allein und zwar trotz der furchtbaren Waffe, über die die Päpste damals noch verfügten: dem Kirchenbann.

Mit dem Aufkommen der Scholastik im 11. Jh. war der abendländische Geist gleichsam aus seinem Jahrhunderte langen Dornröschenschlaf erwacht. Bis dahin waren die kläglichen Trümmer der antiken Bildung und die noch unsystematische Theologie der Kirchenväter an den Kloster- und Domschulen – schlecht und recht – einfach weitergereicht worden. Kaum etwas Neues wurde dem hinzugefügt.

Nun kam auf einmal das Motto „fides quaerens intellectum" auf. Sinngemäß übersetzt heißt dies „Das Glaubensgut soll verstanden werden". Mit diesem Motto trat erstmals jener Ausdruck ans Licht, der fast ein Jahrtausend später zum so genannten Dilemma zwischen Vernunft und Glaube führen sollte: zu jenem Dilemma, durch dessen Übersteigen der endgültige Durchbruch zur neuen Weltsicht gelang. Der Ausdruck, den ich meine, ist das eben erwähnte Wort Vernunft. Nichts anderes bedeutet ja das lateinische Intellectus.

Der Ruf nach Anwendung der Vernunft auf das christliche Glaubensgut bildete jedoch damals nicht mehr als einen Keim dessen, was sich später als Mutation des Bewusstseins ereignen sollte. Vorläufig saß die archaische Weltsicht noch so fest in allen Köpfen, dass sich im Verlauf der Scholastik nicht mehr als eine – von den Meisten gar nicht wahrgenommene – geistige Vorbereitung für das kommende Neue ereignen konnte. Aber das war schon viel.

Was sich unter dem Motto „fides quaerens intellectum" als Erstes bemerkbar machte, war die Anwendung der aristotelischen Logik auf das Glaubensgut. Vom Werk des Aristoteles waren ja einzig seine Schriften zur Logik direkt ans Abendland weitergegeben worden: in jenem Gefäß des in die „sieben freien

Künste" eingebrachten trümmerhaften „weltlichen Wissens", das sich Philosophie nannte. Während des „finsteren" Mittelalters enthielt das Fach Philosophie nichts anderes als die Logik des Aristoteles. Bis ins 11. Jahrhundert waren deren Regeln dann an den Schulen einfach gepaukt worden. In dem Moment aber, als der Ruf nach Anwendung der Vernunft auf das Glaubensgut aufkam, zeigte sich schnell, was für eine Brisanz in der Dialektik – so nannte man damals die Logik – steckte.

Als Erster machte Berengar von Tours (990-1088) damit Ernst, indem er seine Kritik der Abendmahlslehre vorlegte. Er sagte, es sei unlogisch zu behaupten, Brot und Wein seien in den Leib und das Blut Christi verwandelt worden, wenn sie nach der Wandlung noch gleich aussehen wie vorher. In der Sprache der Scholastik: es sei nicht logisch, eine Veränderung der Substanz bei gleich bleibenden Akzidentien anzunehmen. Natürlich wurde Berengar zum Widerrufen gezwungen. Zwar leistete er 20 Jahre lang Widerstand. Erst als ihm die Ostersynode von 1079 drohte, das Anathema über ihm auszusprechen und ihn der Wut des Pöbels preiszugeben, gab er nach (und bedauerte seine Nachgiebigkeit für den Rest seines Lebens).

Aber die Lust auf Anwendung der aristotelischen Logik war aufgekommen und sie war während der folgenden Jahrhunderte nicht aufzuhalten. Wie in einem Taumel übte man an den eben entstandenen Universitäten richtiges Schlussfolgern sowie das Aufdecken von Fehlschlüssen. War das Denken bis dahin vorwiegend kreisend – seinen Gegenstand umkreisend – gewesen, trainierten sich nun Lehrer und Scholaren das gerichtete Denken an.

Die zweite Vorarbeit für die Entstehung des empirischen Typus von Wissenschaft leisteten die mittelalterlichen Theologen und Philosophen dadurch, dass sie den so genannten Universalienstreit austrugen. Universalia nannte man damals die Allgemeinbegriffe. Im Universalienstreit der Scholastik ging es um die Klärung eines Problems, das die Antike nicht mehr geklärt hatte. Anscheinend hatte es antike Denker auch nicht besonders interessiert. Mit der Scholastik jedoch wurde es auf einmal von brennender Aktualität. Es ging um die Frage, ob in Bezug auf die Existenzweise der Allgemeinbegriffe die Auffassung des Plato oder die des Aristoteles die Richtige sei. Im Unterschied zu Plato hatte Aristoteles nämlich gelehrt, Abstracta können nicht für sich allein existieren. Sie befänden sich in den Dingen, aus denen sie abstrahiert werden sowie in unseren Köpfen. Uns Heutigen scheint dies selbstverständlich. Für die Scholastiker war es dies ganz und gar nicht, da die Kirchenväter bei der Synthese des christlichen Mythos mit griechischer Philosophie Plato den Vorzug gegeben hatten. Für die frühen Dogmatiker war das ja die einzig annehmbare Vorgehensweise, da Platos Begriffs-Konkretismus ebenso wie ihr eigenes Denken noch in der archaischen Weltsicht wurzelte.

Entschieden wurde der Universalienstreit im Mittelalter zwar nicht. Hingegen schlug der Franziskaner Wilhelm von Ockham (ca 1280-1347) einen Kompromiss vor. Er sagte, für die Erforschung der Übernatur sei zwar nach wie vor Platos Auffassung die richtige; für die Erforschung der Natur (die ja damals ohnehin als etwas Minderwertiges galt), könne man die Auffassung des Aristoteles – den sog. Nominalismus bzw. Konzeptualismus – gelten lassen. Damit hatte Ockham allerdings eine Weichenstellung vorgenommen, die bis zum Ende des 19. Jh. dem Denken die Bahn wies. Sie erlaubte zum einen den Theologen, weiterhin auf ihrem archaischen Geleise weiterzufahren. Zum andern aber gab sie den (später kommenden) um Empirie sich bemühenden Wissenschaftlern freie Bahn für die Erforschung dessen, was der archaische Mensch als Natur bezeichnet und der Übernatur gegenübergestellt hatte: für die Erforschung von Natur im heutigen Sinne und von Kultur.

Nun ist noch auf die dritte Vorleistung der Scholastiker einzugehen: deren Bemühen, die Naturkunde des Aristoteles in die christliche Theologie einzubauen. Jene aristotelischen Schriften, welche auch die Naturkunde enthielten, wurden dem Abendland erst zu der Zeit bekannt, als die Scholastik entstand. Im byzantinischen Reich, das ja bis zum Sturm der Araber von Kleinasien bis Gibraltar reichte, hatte dieses Schrifttum weitergelebt. Die Muslime haben es übernommen, doch wurde der Versuch der sog. Mutaziliten, die Gedanken des Aristoteles in ihre Religion einzubauen, schon im 11. Jh. von der Mehrheit der Ulemas unterdrückt. Indessen wurden aristotelische Schriften in Sizilien und in Spanien ins Lateinische übersetzt und auch kommentiert. Von dort gelangten sie in die geistigen Zentralen des Abendlandes: nach Paris, Oxford und Köln. Es war dann vor allem der Systematiker Thomas von Aquin, der den Versuch unternahm, die Gedanken des Aristoteles – einschließlich jener über die Natur – in die Theologie einzubauen. Er versuchte es vergeblich, ebenso wie heute Theologen vergeblich versuchen, die Tiefenpsychologie für die Theologie zu vereinnahmen. Trotz des Misslingens jenes Unternehmens scheint aber doch schon im Mittelalter ein vermehrtes Interesse an der Natur aufgekommen zu sein. Das zeigt sich u. a. daran, dass es Wilhelm von Ockham für nötig fand, im Universalienstreit die erwähnte Weichenstellung vorzunehmen. Ein weiteres Indiz ist das Auftreten von Figuren wie des Franziskaners Roger Bacon (1214-1292). Dieser war an der Natur nicht nur interessiert. Er plädierte schon für Experimente, nahm selber solche vor und baute sogar optische Instrumente. Neben all dem finden sich bei ihm aber noch abstruse mythische „Theorien".

Ein neues geistiges Instrumentarium

Kommen wir auf die Renaissance und frühe Neuzeit zurück. Während die Theologie auf ihrem archaischen Geleise weiter dahinfuhr und die katholische Kirche mit den neu entstandenen evangelischen in blutige Glaubenskriege eintrat, wuchsen in aller Stille die empirischen Wissenschaften heran. Entsprechend der

Zweiteilung dessen, was der archaische Mensch als Natur von der Übernatur unterschied – Natur im heutigen Sinn und Kultur – zweigten sie sich in Natur- und Kulturwissenschaften auf. Beide bemühten sich um Empirie, doch bedeutete dies für sie Unterschiedliches. Für die zuerst entstandenen historischen Wissenschaften hieß es vor allem kritische Beurteilung der Quellen. Dies führte u. a. zur Überwindung der bis dahin gepflegten (mythischen) Heilsgeschichte.

Für das naturwissenschaftliche Forschen wurden mehrerer Errungenschaften der Bewusstseinsevolution zu einem Ganzen integriert: zu einem geistigen Instrumentarium, mit dem es im Verlauf der folgenden Jahrhunderte gelang, Schritt um Schritt hinter die Fassade des Augenscheins vorzudringen: räumlich hinab bis in den atomaren Bereich und hinaus in die Weiten des Kosmos, zeitlich zurück bis in die Anfänge der Menschheit, ja des Universums.

Hierfür musste allerdings zusätzlich zu den von der Scholastik erarbeiteten Voraussetzungen noch vieles erarbeitet werden. Als Erstes galt es, richtiges Beobachten zu lernen: exakt zu zählen, zu messen und zu wägen. Dies sowie die Durchführung von Experimenten hatte dann noch die Erfindung von Instrumenten und indirekten Methoden zur Folge. Zu erlernen war ferner die richtige Kausalanalyse. Um diese hatten sich zwar anderthalb Jahrtausende zuvor schon die Vorsokratiker bemüht. Einige hatten nämlich programmatisch erklärt, sie wollen sich nicht mehr mit Göttergeschichten – mythoi – befassen, sondern mit den „Dingen die da sind" – ta onta. Da sie jedoch sogleich nach der ersten Ursache aller Dinge fragten, langten sie bald einmal beim Göttlichen an. So wurde aus ihrem Bemühen um Empirie natürliche Theologie. Bei der Wiederaufnahme des Bemühens um Empirie zu Beginn der Neuzeit wurde diese Fehlentwicklung dadurch vermieden, dass man grundsätzlich nur nach den nächsten Ursachen fragte: nach dem, was den beobachteten Phänomenen unmittelbar zu Grunde lag. Deshalb gelang es dann auch zum ersten Mal in der Geschichte, Schritt um Schritt hinter die Fassade des Augenscheins vorzudringen. Ferner musste man lernen, die verschiedenen beobachteten Phänomene in einer empirisch fundierten – nicht mehr mythischen – Theorie unter einen Hut zu bringen. Auch musste eine neue Einstellung zur Theorie gefunden werden, indem man den Grundsatz des methodischen Zweifels befolgte. Das hieß, bereit zu sein, von einer lieb gewordenen Theorie abzulassen, sobald Phänomene beobachtet wurden, die sich mit dieser nicht mehr vereinbaren ließen. Eine neue, differenziertere Theorie trat dann an ihre Stelle. Solch neue Theorien waren jeweils nicht nur ein Hut für das Beobachtete. Sie hatten gleichzeitig auch heuristische Bedeutung. Indem sie neue Fragen aufwarfen, gaben sie Anstoß zu weiterem gezieltem Forschen. Die Möglichkeit, nicht mehr stimmige Theorien durch differenziertere zu ersetzen, war ja seinerzeit schon durch die Weichenstellung des Wilhelm von Ockham erschlossen worden. Da dieser die Auffassung des Aristoteles für die Erforschung des „Diesseits" zugelassen hatte, musste das Denken nun nicht mehr ständig um ewig sich gleich bleibende – in einem Ideenhimmel befindliche – Geist-Dinge kreisen. Damit erhielt es eine unerhörte Dynamik.

Aus diesen Elementen zu empirischem Forschen war durch Integration zu einer Einheit jenes einzigartige, geistigen Instrumentarium geschaffen worden, das ich oben erwähnt habe. Dies geschah allerdings in einem mühsamen Suchprozess. Einigermassen ausgereift war es wohl erst im 18. Jh. Im Verlauf dieses Bemühens wurde Naturkunde zu Naturwissenschaft und Historiographie zu historischer Wissenschaft.

Was mit dem erarbeiteten methodischen Instrumentarium alles an Neuem erkannt wurde, soll hier nicht aufgezählt werden, obwohl es in der Menschheitsgeschichte einzigartig ist. Das kann in jedem beliebigen Geschichtsbuch der Wissenschaft nachgelesen werden. Wichtig scheint mir indessen festzuhalten, dass es nicht – wie viele meinen – die Philosophen waren, die das Weltbild veränderten. De facto verändert wurde dieses durch empirisch fundierte Entdeckungen. Allerdings haben Wissenschaftler kaum je über die Konsequenzen ihrer Entdeckungen für das Weltbild nachgedacht. Das taten dann Philosophen. Aber erst im Nachhinein.

Das Zeitalter der Aufklärung

Damit haben wir schon das Zeitalter der Aufklärung erreicht. Unter diesem versteht man in der Regel das 18. Jahrhundert. Charakterisiert ist dieses Zeitalter dadurch, dass wache Geister darüber nachdachten, was für Konsequenzen die durch historische und naturwissenschaftliche Forschung gewonnenen Erkenntnisse für die archaische Weltsicht hatten. Im Nachhinein nannte man diese wachen Geister, wie eben bemerkt, Philosophen. Die am klarsten sehenden Philosophen der Aufklärung waren in erster Linie Franzosen, zu einem gewissen Teil Engländer, am wenigsten Deutsche. Der m. E. für die Bewusstseins-Mutation wichtigste war zwar ein Deutscher, doch lebte der in Paris. Es war Baron Paul von Holbach.

Allerdings waren es nicht mehr die „großen, einsamen Denker" von einst. Zurzeit des Absolutismus hatte sich nämlich das entwickelt, was man heute Öffentlichkeit nennt: eine vorwiegend bürgerliche Gesellschaft, welche nun die bisher für den Adel und der Kirche reservierten Probleme lebhaft diskutierte. Stattgefunden hat die Diskussion in den „Salons", in Kunstausstellungen sowie in den Foyers der Theater. Auch wurden – trotz strenger Zensur durch den mit der Kirche verbündeten Staat – viele „aufklärerische" Zeitschriften und Bücher verbreitet. Das einflussreichste Buch – das eigentliche Standardwerk der Aufklärung – war die von einem Autorenkollektiv verfasste Encyclopédie, an der auch Paul von Holbach mitgearbeitet hat. Anstatt Öffentlichkeit, dem Ausdruck der Soziologen, kann man auch von öffentlicher

Meinung reden. Neu war jedenfalls, dass nun auch das „gewöhnliche Volk“ seine eigene Meinung haben konnte und zu äußern getraute. In diesem „öffentlichen Raum“ wuchs der Geist der Aufklärung heran.

Politischer und weltanschaulicher Strang der Aufklärung

Wenn man von der Aufklärung spricht, sollte man zwei Stränge auseinander halten: den politischen und den weltanschaulichen. Der politische war im Grunde genommen die Fortsetzung dessen, was im Mittelalter beim Streit zwischen Papsttum und Kaisertum in Gang gekommen war. Hatte aber damals der Fürstenstaat seine Unabhängigkeit von den Päpsten errungen, wehrten sich jetzt – wenigstens mental und verbal – Untertanen gegen den Fürstenstaat. Sie gingen von der Idee der Volksouveränität aus und wünschten sich Demokratie sowie Rechtssicherheit. Auch darin zeigt sich eine Facette dessen, was ich Mutation des Bewusstseins nenne.

Der weltanschauliche Strang führte zu einem neuen Selbst- und Weltverständnis. Um dieses in seiner Eigenart – und gleichzeitig seiner Beschränktheit – zu verstehen, muss man in erster Linie den damaligen Empiriebegriff betrachten: die damals in der Wissenschaft allein gültige Auffassung vom Wahrnehmbaren.

Bei archaischer Weltsicht wurde noch unterschieden zwischen einem Sehen mit den Augen des Leibes und einem Sehen mit den Augen der Seele. Unter dem mit den Augen des Leibes – und dem Hören mit dem leiblichen Ohr – verstand der archaische Mensch das, was wir heute Sinneswahrnehmung nennen. Als Sehen mit den Augen der Seele hingegen galt das, was man in Träumen und Visionen wahrnahm. Seit der Entdeckung des Unbewussten bezeichnet man Letzteres als innere Wahrnehmung. Man versteht darunter den Informationsstrom, der vom Selbst – dem im unbewussten Bereich gelegenen Führungszentrum der gesamten

Psyche – zum Ich, dem „Zentrum“ des Bewusstseins fließt. Bei archaischer Weltsicht fasste man diesen Informationsstrom allerdings ganz anders auf. Man glaubte, die Informationen kommen von außen, insbesondere aus dem „Jenseits“. Darauf wird später zurückzukommen sein. Wir werden dann sehen, dass gerade aus diesem Irrtum einst das archaische Selbst- und Weltverständnis hervorgegangen ist.

Hier geht es jedoch darum zu erfassen, was für eine eingeschränkte Auffassung des Wahrnehmbaren der frühen empirischen Forschung zu Grunde lag. Bis zum Ende der Aufklärung – also bis an die Schwelle des 20. Jh. – galt nämlich nur das als wissenschaftlich erwiesen, was mit den Sinnen – auch den apparativ erweiterten – wahrgenommen war. Man nennt dies methodischen Positivismus.

Für jene erste Zeit empirischen Forschens war diese Beschränkung auf das sinnlich Wahrnehmbare allerdings unabdingbare Notwendigkeit. Nur indem sich die Forscher strikt an den methodischen Positivismus hielten, konnten sie sich den früher ausgiebig geübten „Wissensgewinn“ durch Fantasieren abgewöhnen. Das war damals eine schwer erreichbare Tugend. Aber nur so konnten sie jene Quelle verstopfen, aus der seit eh und je die erklärenden Mythen hervorgequollen waren.

Schon in archaischer Zeit hatten sich die Menschen ja Fragen gestellt nach der Entstehung der Welt, nach der Herkunft der Pflanzen und Tiere, nach dem Ursprung der Menschheit usw. Weil aber damals die kognitiven Mittel zu einer empirisch-wissenschaftlichen Erklärung fehlten, ergossen sich Fantasien (Gestaltungen des Unbewussten) in das Wissensvakuum hinein. Auf diese Weise entstanden mythische „Theorien“ aller Art: mythische Kosmogonien (Schöpfungs“lehren“) und Kosmologien, mythische Anatomien, Physiologien und Pharmakologien, mythische Abstammungslehren vom Menschen und von den Tieren usw. Aus heutiger Sicht betrachtet waren diese Mythen oft recht abstrus. Wie zäh sie jedoch sein können, sieht man am Persistieren der Astrologie sowie am gegenwärtigen Streit um den Kreationismus in den USA; gar nicht zu reden von dem mythisch erklärenden Müll, der im Rahmen der sog. Esoterik aufgeschwemmt wird.

Die konsequente Einhaltung des methodischen Positivismus hatte zwei Wirkungen. Zum einen ermöglichte sie das schon erwähnte schrittweise Vordringen hinter die Fassade des Augenscheins: eine Wissenserweiterung und – vermehrung, aus der sich eine völlig neue Sicht der Natur und der Geschichte ergab.

Zum andern führte es zu einer Entmythisierung der Natur und der Kulturgeschichte. Sie wurde zwar nicht bewusst angestrebt. Das Ziel empirischer Forschung war einzig und allein Vermehrung der Erkenntnis. Die Entmythisierung – das Wegschieben der mythischen Theorien – war eine unbeabsichtigte Nebenwirkung empirischen Forschens. Indessen bewirkte es das, was zum Ausdruck „Aufklärung" geführt hat: das Wegblasen des mythischen Nebels.

Allerdings wurden nicht nur die erklärenden Mythen eliminiert bzw. durch empirisch fundiertes Wissen ersetzt. Im Zeitalter der Aufklärung wandelte sich nämlich der methodische Positivismus zum ideologischen: zur expliziten Aussage, was mit den Sinnen nicht wahrgenommen werden könne, existiere nicht. Damit war natürlich die gesamte jenseitige Welt des archaischen Menschen inklusive Gott als nicht existent erklärt. Das Weltbild, das sich aus dem ideologischen Positivismus ergab – das positivistische Weltbild der Aufklärung – war somit atheistisch. Allerdings war es dies nicht von Anfang an. Die meisten frühen Aufklärer waren noch Deisten. Sie nahmen noch einen Gott an, der zwar die Welt geschaffen hatte, diese aber dann sich selbst überließ. So z. B. noch Voltaire, der lautstärkste Frühaufklärer. Der erste konsequente Atheist war m. W. Paul von Holbach.

Der eliminatorische Materialismus

Das Weltbild der Aufklärung war aber nicht nur atheistisch. Es war auch materialistisch, jedoch auf eine besondere Weise. Im Licht der Bewusstseins-Mutation betrachtet lag darin sogar die eigentliche Funktion der positivistischen Zwischenphase. Erinnern wir uns, dass die Mutation des Bewusstseins sehr wahrscheinlich deshalb in Gang kam, weil der Konkretismus der archaischen Vorstellung des objektiv Geistigen überwunden werden musste. Nun stellte man sich ja bei spätarchaischer Weltsicht vor, das Jenseits bestehe aus Geist, das Diesseits aus Materie. Ferner glaubte man, die jenseitigen Geistwesen können willkürlich – durch bloßes Denken und Wollen – auf das Diesseits einwirken. Als aber die empirische Forschung ergab, dass der Naturprozess gesetzmäßig verlief, fiel diese Vorstellung dahin. Da zudem der ideologische Positivismus die Vorstellung einer jenseitigen Welt überhaupt eliminiert wurde, blieb nur noch das als materiell vorgestellte Diesseits übrig. In voller Konsequenz hat dies Paul von Holbach formuliert in seinem Werk „Le système de la nature".

Wenn man dieses Weltverständnis – wie das üblich ist – als materialistisches bezeichnet, sollte man sich jedoch bewusst sein, dass es sich um einen eliminatorischen Materialismus handelte. Es war nämlich nur die archaische Vorstellung des objektiv Geistigen, welche durch empirisches Forschen eliminiert wurde, nicht aber die Vorstellung eines Geistigen überhaupt. Was für eine grundlegend neuartige Vorstellung des Geistigen – genau gesagt des Begriffspaares von Materie und Geist – beim zweiten Schritt der Bewusstseins-Mutation zustande kam, werden wir später sehen.

Das rationalistische Menschenbild

Aber nicht nur das Weltbild hat sich im Zug der Aufklärung verändert, sondern auch das Menschenbild: genau gesagt die Vorstellung vom Geistigen im Menschen. Trotz strengstem Materialismus wurde ja nie bestritten, dass der Mensch etwas Geistiges in sich hat. Zwar glaubte man – vor allem in der ersten Hälfte des 20. Jh. – der Menschengeist lasse sich mit der Zeit auf die Gesetze von Physik und Chemie zurückführen. Man bezeichnet dies heute als ontologischen Reduktionismus. Aber dieses Thema reservieren wir für später.

Blicken wir hier auf den Unterschied des Menschenbildes bei positivistischer und bei archaischer Weltsicht. Bei archaischer galt der Menschengeist noch als „Teil" der mit vielen „Vermögen" ausgestatteten menschlichen Seele. Ferner wurde nicht bezweifelt, dass er nur ein schwaches Licht sei und dass er – um sich im „Diesseits" zurechtzufinden – der Erleuchtung durch den göttlichen Geist bedürfe.

Im Zeitalter der Aufklärung war das, was sich der archaische Mensch als Seele vorgestellt hatte, geschrumpft auf die Vernunft (ratio), d. h. auf das, was wir heute Bewusstsein nennen. Dabei galt die Vernunft als großes Licht, mit dem es dem Menschen möglich sei, die hintersten Winkel der Wirklichkeit auszuleuchten und auch zu erkennen, was gut und was böse ist. Man bezeichnet diese Überschätzung der Vernunft heute als Rationalismus. Wegen ihr wird denn auch das Menschenbild der Aufklärung als rationalistisches bezeichnet. Das Weltbild der Aufklärung hingegen nennt man das positivistisch-materialistische.

Das „Dilemma zwischen Wissen und Glauben"

Da in den Kirchen die archaische Weltsicht unangefochten weitergelebt hatte, standen sich jetzt zwei miteinander unvereinbare Weltbilder gegenüber. Artikuliert wurde diese Situation als Dilemma zwischen Wissen und Glauben.

Aus diesem Dilemma herauszukommen erwies sich lange Zeit als unlösbares Problem. Ungezählte Diskussionen zwischen theologischen und empirisch arbeitenden „Koryphäen" endeten ohne Ergebnis. Die Evolution des Bewusstseins schien – zumindest gegen das Ende des 19. Jh. – wiederum an einem Plafond anzustoßen.

Dilemmata haben es eben in sich, dass sie nicht lösbar sind. Sie müssen überstiegen (transzendiert werden). Dies geschieht allerdings nicht durch rationale Überlegungen. Es geschieht einfach. Dass es geschieht, ergibt sich aus einer Erkenntnis über psychische Wandlungsvorgänge, die erst nach der Entdeckung des Unbewussten möglich war.

So hatte C. G. Jung bei der Begleitung von Individuationsprozessen beobachtet, dass große Schritte psychischen Wandels – von einer überholten Einstellung zu einer grundlegend neuen – nicht glatt bzw. linear verlaufen. Er stellte fest, dass sich zuerst eine zur überholten Position gegensätzliche – mit dieser unvereinbare – Position ausbildet. Da jeweils für jede der beiden einiges dafür, einiges dagegen spricht, entsteht für den betreffenden Menschen ein rational unlösbares Dilemma. Hält einer nun die Spannung lange genug aus, – entschließt er sich nicht aus Bequemlichkeit einfach für die eine oder andere Position – stellt sich „wie von selbst" eine Lösung ein, welche die gegensätzlichen Positionen auf höherer Ebene vereint. Durch diese aus dem Unbewussten aufsteigende, vereinigende Lösung werden zwar beide Positionen relativiert, dafür aber deren „noch wertvolle" Elemente zu einer Einheit integriert. Weil dabei das Dilemma transzendiert wird, bezeichnete Jung dieses unbewusst ablaufende Geschehen als Gesetzmäßigkeit von Gegensatzspannung und transzendierender Funktion.

Im Nachhinein kann nun gesehen werden, dass der phylogenetische Wandel, den ich als Mutation des Bewusstseins bezeichne, nach der gleichen Gesetzmäßigkeit verlief wie die von Jung beobachteten ontogenetischen Wandlungsschritte (Abb. 1, S. 40).

Als am Ende des Mittelalters die Entmaterialisierung jenseitiger Wesen sich dem Grenzwert des „rein geistigen Wesens" auf infinitesimale Distanz genähert hatte – und die Bewusstseins-Evolution an einem Plafond anzustoßen drohte – war noch keine Gegensatzspannung möglich. Dies deshalb, weil während der archaischen Phase die Evolution fast nur auf dem metaphysischen Zweig stattgefunden hatte. So musste denn erst einmal die Evolution auf dem physischen Zweig nachgeholt werden. Dies gelang, wie erwähnt, dank dem Zustandekommen empirischer Wissenschaft. Diese führte denn auch zu der – für das Weiterschreiten der Bewusstseins-Evolution notwendigen – Gegensatzspannung in Gestalt des „Dilemmas zwischen Wissen und Glauben".

Als diese Spannung am Ende des 19. Jh. so richtig aktuell geworden war, wurde das Dilemma überstiegen. Es wurde aber – ebenso wie bei Individuationsprozessen – nicht durch rationale Einsicht überstiegen. Das Transzendieren geschah einfach de facto: durch empirisch fundierte Entdeckungen. Dass durch diese das Dilemma überstiegen war und sich dadurch ein neues Welt- und Menschenbild erschloss, wurde allerdings erst Jahrzehnte später – wiederum durch „philosophische" Reflexion – erkennbar. Es geschah durch die der heutigen Zeit entsprechende Art des Philosophierens: durch transdisziplinäre humanwissenschaftliche Grundlagenforschung. Entscheidend für den Durchbruch war dabei die Einsicht, dass durch die erwähnten Entdeckungen der positivistische Empiriebegriff erweitert worden war.

Schattenseite der positivistisch-materialistischen Weltsicht

Die positivistisch-materialistische Weltsicht war somit nur eine Weltsicht des Übergangs: einer notwendigen Übergangsphase, welche die Funktion hatte, die Gegensatzspannung – und damit die Voraussetzung für den Durchbruch zum neuen Welt- und Menschenbild – zu schaffen.

Dies hatte jedoch seinen Preis. Wegen des ideologischen Positivismus, der all das ausschloss, was früher der Glaube an eine „übernatürliche" Welt dem Menschen gegeben hatte, war nun der Zugang zur Quelle von Sinn verschlossen, ebenso zur Quelle ethischer Normen und zu echter Spiritualität.

Betrachten wir hier nur die Folgen für die Ethik. Bis dahin waren die für eine Kultur gültigen ethischen Normen bzw. Richtlinien objektiv begründet gewesen. Der archaische Mensch stellte sich ja vor, sie seien ihm vom Himmel her offenbart worden. Zwar hat sich der Himmel als Illusion erwiesen. Da man nun aber weiß, dass das, was der archaische Mensch als übernatürlich Offenbartes auffasste, in der Projektion wahrgenommene Gestaltungen des Unbewussten waren, das Unbewusste aber dem objektiv Psychischen zuzuordnen ist, kann man sagen, bei archaischer Weltsicht sei die Ethik objektiv begründet gewesen. Dies erklärt auch die aus interkulturellem Vergleich sich ergebende – an sich erstaunliche – Tatsache, dass sämtliche bekannten ethischen Systeme sich als Varianten eines Grundmusters erwiesen. Im Licht der Humanethologie betrachtet kann man sagen, dieses Muster sei – wie so manches andere – Ausdruck des für homo sapiens typischen Ethogramms.

Betrachten wir vor diesem Hintergrund, wie man sich bei positivistischer Weltsicht die Quelle ethischer Normen vorstellte. Wie gesagt, glaubte man nicht nur, die menschliche Vernunft (ratio) sei das einzige Geistige in der Welt, sondern auch, mit ihr sei der Mensch in der Lage zu erkennen, was gut und was böse – welches Handeln richtig und welches unrichtig – sei. Nun bezeichnet man das, was die Aufklärung Vernunft nannte, heute als Bewusstsein. Gemäß der durch die Entdeckung des Unbewussten zustande gekommenen Modellvorstellung der Psyche ordnet man das Bewusstsein – im Unterschied zum Unbewussten – dem subjektiv Psychischen zu. Aus dem Menschenbild der Aufklärung ergab sich somit eine subjektiv begründete Ethik.

Dass dies nicht nur eine akademische Frage ist, zeigt die heute so verbreitete Klage über den Zerfall der Werte bzw. der Richtlinien für das Tun. Reife bewusste Entscheidungen ergeben sich – wie noch zu besprechen sein wird – durch Optimierung der Strebungen des Unbewussten und des Bewusstseins, wobei das Bewusstsein dem Unbewussten – trotz beträchtlichen Spielraums – letztlich untergeordnet ist. In der Sprache der Kybernetik kann man sagen, das Bewusstsein sei – als Subsystem – ans Unbewusste rückgekoppelt. Auf diese Weise ist gewährleistet, dass bewusste Entscheidungen nicht zu sehr außerhalb den durch das arttypische Muster des Tuns gegebenen Rahmen geraten.

Weil nun bei der subjektiv begründeten Ethik der Aufklärung diese Rückkoppelung wegfiel, war der Willkür Tür und Tor geöffnet. Nachdem der „naturgegebene" – im Ethogramm gespeicherte – höchste Wert dahin gefallen war, konnte sich nämlich jeder seine eigene „hausgemachte Weltanschauung" zulegen. Bei dieser sog. Ideologisierung der Weltsicht wurde jeweils eine Teilwahrheit dogmatisiert. Diese galt dann als höchster Wert und bestimmte, welche Handlungen richtig und welche unrichtig waren.

So lange die Anciens régimes mit ihrem Bündnis von Thron und Altar noch das Sagen hatten, konnte sich die Ideologisierung des Wertsystems allerdings nur im privaten Rahmen auswirken. Im öffentlichen Bereich galten nach wie vor die überlieferten christlich-humanistischen Werte und die staatlichen Gesetze waren nach diesen ausgerichtet.

Wie verheerend jedoch subjektivistische Ethik sich auswirken kann, wenn diese Schranken fallen, musste man zur Kenntnis nehmen, als im 20. Jh. Ideologien wie der Kommunismus und der Nationalsozialismus die staatliche Gewalt zu besetzen vermochten.

In Deutschland z. B. wurde dies schmerzlich erfahren, als es Hitler gelungen war, die Macht im Staate an sich zu ziehen und die bestehende Verfassung auszuschalten. Da konnte er nun das Wertesystem, das er im Rahmen seiner schon in Wien zusammen gebastelten Ideologie entwickelt hatte, mit Gewalt durchsetzen. Weil darin einer der höchsten Werte die Reinheit der arischen Rasse war, schien es – von Hitler und seinen Gefolgsleuten aus gesehen – sogar richtig, alles, was ihrer Meinung nach diese Rasse verunreinigte, auszumerzen: Juden, Zigeuner, Erb- und Geisteskranke sowie Homosexuelle. Und da den Nazis die arische Rasse als überlegene Herrenrasse galt, schien es ihnen auch richtig, die slawischen „Untermenschen" zu versklaven. Analoges gilt für den Sowjetkommunismus. Aufgrund der dort gültigen Ideologie hielt man es für richtig, die „Klassenfeinde" zu eliminieren.

In beiden Fällen folgten die Machthaber wohl mit gutem Gewissen der inneren Logik ihres Wertesystems und waren überzeugt, das Richtige zu tun. Das mag zynisch klingen, doch zeigen diese Beispiele eindrücklich, wie verheerend sich subjektivistische Ethik auswirken kann.

Nationalsozialismus und Sowjetkommunismus sind glücklicherweise beseitigt worden. In Deutschland haben sich die Väter des staatlichen Grundgesetzes wieder nach den überlieferten christlich-humanistischen Werten ausgerichtet. Das war damals sicher gut so. Heute hingegen erweisen sich christliche – noch aus der Bibel hergeleitete – Vorstellungen oft als Hemmschuh für die so dringend nötige Adaptation der Ethik an die unterdessen vorangeschrittene Wissenschaft und Technologie. Dies zeigt sich z. B. beim Bemühen um das Finden von Richtlinien für den Umgang mit embryonalen Zellen, für künstliche Befruchtung, für Schwangerschaftsunterbrechung und Sterbehilfe; auch für den Umgang mit Immigranten, „sozial Schwachen“ usw.

Während die tradierten, grundlegenden Werte im staatlichen Bereich wieder einigermaßen festgelegt wurden, hat sich im gesellschaftlichen Bereich – im Rahmen der Verdampfung des Christentums – die positivistische Weltsicht und mit ihr die subjektivistische Ethik immer weiter ausgebreitet: ein willkürliches System, in dem als oberste, das Handeln eines Individuums bestimmende Werte z. B. Macht, Gelderwerb, Sexualität, Konsum oder einfach „Fun“ gelten. Dies ist denn auch der Grund für den erschreckenden Werte- und Sittenzerfall, der sich vor unseren Augen abspielt und der unsere Kultur in den Augen z. B. von Muslimen so verabscheuenswert erscheinen lässt. Dabei wäre die Adaption der Ethik wegen der rasanten Veränderung von Zivilisation und Gesellschaft sehr wichtig gewesen. Allerdings innerhalb des für den Menschen typischen Ethogramms. Es muss nämlich bedacht werden, dass sich die positivistische Weltsicht mit ihrer subjektivistischen Ethik erst im 19. und 20. Jh. so richtig ausgebreitet hat. Zur Zeit der Aufklärung beschränkte sie sich noch auf die damalige Bewusstseinsspitze.

Die Einsicht, dass heute – obwohl viele noch Christen zu sein glauben – die positivistische Weltsicht den größten Teil der europäischen Bevölkerung erfasst hat, ist wohl Grund genug, sich nun über das Zustandekommen der neuen Weltsicht Rechenschaft zu geben. Diese erschloss nämlich die Möglichkeit – auf dem durch die Tiefenpsychologie erschlossenen „Weg“ – eine wiederum objektiv begründete Ethik zu erarbeiten.

Zweiter Schritt der Bewusstseins-Mutation

Transzendieren des Dilemmas auf zwei Forschungszweigen

Am Beginn des 20. wurde das Dilemma zwischen Wissen und Glauben – allerdings nur de facto – transzendiert. Damit war der zweite – entscheidende – Schritt der Bewusstseins-Mutation eingeleitet. De facto bewirkt wurde das Transzendieren, wie schon gesagt, durch empirisch-wissenschaftlich fundierte Entdeckungen. Diese ereigneten sich auf zwei voneinander unabhängigen Forschungszweigen. Zum einen auf dem, der zum heutigen Verbund der Kognitionswissenschaften geführt hat, zum andern auf dem der traditionellen Naturwissenschaften. Zuerst geschah der Durchbruch auf dem „kognitiven Strang" durch den empirischen Nachweis des Unbewussten. Dieser führte vor allem zu einem neuen Menschenbild. Zu einem neuen Weltbild führten dann neue Entdeckungen im Rahmen von Physik und Biologie. Dies allerdings vorerst auch nur de facto. Dass dadurch der Materialismus überwunden war, konnte nämlich erst später erkannt werden.

Hand in Hand mit dem Herausarbeiten des neuen Selbst- und Weltverständnisses fand auch die „Auferstehung des objektiv Geistigen in neuer Gestalt" statt. Dies war ja, so weit ich sehe, der Sinn der Bewusstseins-Mutation. In den 70er Jahren des 20. Jh. konnte man nämlich erkennen, dass der archaische Konkretismus der Geist-Vorstellung, aufgrund dessen am Ende des Mittelalters die Evolution des Bewusstseins am Plafond anzustoßen drohte, durch die empirische Forschung überwunden worden war. Als Quintessenz des Wandels ergab sich die Einsicht, dass man fortan nicht mehr zwischen der Materie und dem Geist unterscheiden musste, sondern nur noch – im Sinne des unterdessen erfundenen komplementären Denkens – zwischen einem materiellen und einem geistigen Aspekt der an sich einheitlichen raumzeitlichen Gebilde. Ich werde später darauf eingehen.

Vorbereitende geistige Strömungen im 19. Jahrhundert

Die entscheidenden Entdeckungen ereigneten sich jedoch – ebenso wie die, welche den ersten Schritt bewirkt hatten – nicht aus heiterem Himmel. Auch ihnen war eine – wenn man so sagen will – mentale Vorbereitung vorausgegangen. Dies geschah zu einer Zeit, als die positivistische Weltsicht gerade ihren Höhepunkt erreichte und deren Unvereinbarkeit mit der persistierenden archaischen bei immer mehr Menschen eine schmerzhafte Spannung auslöste.

Mindestens sechs geistige Strömungen können ausgemacht werden, welche – ohne dies direkt zu beabsichtigen – das Transzendieren des Dilemmas vorbereiteten. Es waren dies die Romantik mit ihrem Zug zum Irrationalen, zu Gefühl und Fantasie, ferner die Philosophie des deutschen Idealismus mit ihrer wirklichkeitsfremden Auffassung des Geistigen. Dazu kamen die Neo-gnosis, Völkerkunde und Religionswissenschaft. Sogar innerhalb der Kirchen machten sich „aufweichende" Bewegungen bemerkbar: in den evangelischen die liberale Theologie, in der katholischen das Bemühen um neue Mariendogmen. Ich werde nur auf zwei davon kurz eingehen: auf die Gnosis und auf das Bemühen um die Mariendogmen.

Letzteres verfehlte zwar sein Ziel, wohl wegen des starken Orthodoxie bewahrenden Apparates der Papstkirche. In Hinblick auf das untergründige Wirken der evolutionären Tendenz ist jedoch die Tatsache, dass es überhaupt aufkam, doch sehr bemerkenswert. Dogmen werden nämlich seit dem zweiten Schritt der Bewusstseins-Mutation als Gestaltungen des Unbewussten verstanden. Über die Köpfe der Theologen, die diese ausarbeiten hinweg, gibt das kollektive Unbewusste durch sie

Korrekturimpulse gegen einseitige Haltungen des Zeitgeistes ab. Die Haltung, die mit den Mariendogmen korrigiert werden sollte, war der krasse Rationalismus, der sich zunehmend auch außerhalb der Wissenschaft manifestierte.

In den vier damals vorbereiteten neuen Dogmen – Maria Immaculata (Maria, die Unbefleckte, frei von der Erbsünde), Mediatrix (Mittlerin der Gnade, Maria als Mittlerin zwischen den Menschen und Jesus Christus), Corredemptrix (Miterlöserin) und Assumpta (mit dem Leib in den Himmel aufgenommen) – wurde in der Bildersprache des Unbewussten eine Sophia-Gestalt kreiert. Diese symbolisiert „weibliche" Geisteshaltung im Unterschied zu der im Logos veranschaulichten Haltung „männlichen" Denkens. Mit diesen Ausdrücken ist aber nicht das Denken des Mannes oder der Frau gemeint, obwohl das „weibliche" den Frauen wohl eher liegt. Das Geschlecht von Fantasiefiguren ist nämlich in der Sprache des Unbewussten in erster Linie Symbol für verbal nur schwer formulierbare Sachverhalte. Ist „männliches" Denken ausgerichtet auf Gewinn von Sachwissen, auf Unterscheiden und Analysieren sowie begriffliche Formulierung, meint „weibliches" Denken, Ausgerichtetsein auf das Ganzheitliche, auf Erleben, Miterleben und Mitleiden: eine Einstellung, der Bezogensein auf Menschen und Dinge mehr wert ist als Wissen über deren Sosein. Mit dem Dogma der Corredemptrix wies das Unbewusste darauf hin, dass es nicht um das Ersetzen der Logos-Haltung durch Sophia-Haltung ging, sondern nur um Ergänzung der einen durch die andere. Die katholische Kirche – zumindest deren Hierarchie – verstand diesen Wink allerdings nicht. Sie verfiel in eine leibfeindliche Marienfrömmigkeit mit Verehrung der „jungfräulichen Reinheit".

Von den „vorbereitenden" Strömungen außerhalb der Kirchen ist vor allem die Neognosis zu beachten, da sie das neue Menschenbild in gewisser Weise antizipierte. Als Gnosis wird ein Typus von Religion bezeichnet, der sich vor allem in Indien entfaltet hat. Er unterscheidet sich vom theistischen Typ, zu dem Judentum, Christentum und Islam gehören, durch eine andere Art von Schöpfungsmythen. Im Unterschied zu den theistischen Religionen, die einen personalen Weltenschöpfer annehmen, der die Welt willentlich geschaffen hat, wird in gnostischen Religionen angenommen, am Anfang der Zeit sei eine unpersönliche „göttliche Fülle" (Pleroma) da gewesen. Von dieser göttlichen Substanz sei dann ein Teil – wie aus einem überquellenden Kochtopf – herunter geflossen (Emanation). Beim Hinabfließen seien nacheinander verschiedene, von unterschiedlichen Geistwesen bewohnte Sphären entstanden, zuletzt – gleichsam kurz vor dem Erkalten – der Mensch. Dieser war zwar mit (übler, ungeistiger) Materie behaftet, doch trug er in sich ja noch einen Rest göttlicher Substanz. Diesen Rest konnte er – nach gnostischer Vorstellung – durch spirituelles Bemühen gleichsam wieder aufheizen und sich so dem Pleroma wieder annähern. Man nahm an, er gewinne dabei Gnosis, was mit Bewusstheit zu übersetzen ist.

Gnostisches Gedankengut schwappte im 19. Jh. – im Zug der Exotikwelle – von Indien nach Europa herüber. Die bekannteste Ausformung dieser sog. Theosophie war die von Rudolf Steiner begründete Anthroposophie. Das Neue, in die Zukunft weisende dieser gnostischen Strömungen bestand in Folgendem: während in theistischen Religionen Gott und Mensch radikal verschieden sind und der Mensch völlig auf die göttliche Gnade angewiesen ist, kann sich der Mensch nach gnostischer Vorstellung durch eigenes Bemühen wieder dem Göttlichen annähern. Wir werden sehen, dass das mythische Menschenbild der Gnosis später im – nunmehr empirisch fundierten – tiefenpsychologischen Modell ein Analogon gefunden hat.

Die Tiefenpsychologie

Entstehung einer empirischen Psychologie

Jener Forschungsstrang, der schließlich zum heutigen Verbund der Kognitionswissenschaften geführt hat, begann mit der Entstehung einer empirischen Psychologie. Psychologie gab es allerdings schon seit den Anfängen der Kultur. Sie war jedoch noch mythisch. Zwar wurde dabei ein reiches Beobachtungsgut erarbeitet, dessen theoretische Aufarbeitung geschah indessen gemäß der archaischen Weltsicht, bei der die Seele als ein zu eigenständiger Existenz fähiges Geistwesen aufgefasst wurde. Dabei variierten die Vorstellungen von Seele und Seelenteilen je nach Kultur und Evolutionshöhe des Bewusstseins beträchtlich.

Empirische Psychologie kam erst um die Mitte des 19. Jh. zustande. Sie war eine der letzten großen Abzweigungen aus dem Baum der empirischen Wissenschaften: nach Physik, Astronomie, Chemie, Geowissenschaften und Biologie. Weil diese neue Art von Psychologie auf einem so soliden, empirisch erarbeiteten Fundament stand, gelang es ihr denn auch – ein halbes Jahrhundert nach ihrer Entstehung – das Dilemma zwischen Wissen und Glauben zu übersteigen.

Am Anfang stand die Bewusstseins-Psychologie

Dieses halbe Jahrhundert brauchte die junge psychologische Disziplin, weil sie noch auf dem Boden der positivistischen Weltsicht entstanden war. Da man bei dieser, wie gesagt, Psyche mit Bewusstsein gleichsetzte, war die Psychologie der ersten Jahrzehnte Bewusstseins-Psychologie. Zwar untersuchte sie meistens Wahrnehmungsvorgänge, also Vorgänge, die zum größten Teil unbewusst verlaufen, aber als Erklärungsmodell galt eben damals noch das Bewusstseins-Paradigma.

Ein unbewusster Bereich der Psyche war zwar schon seit langem von Philosophen postuliert worden: z. B. von Schelling, von Eduard von Hartmann und vom philosophierenden Arzt Carl Gustav Carus. Später forderten auch empirische Wissenschaftler, einen solchen anzunehmen. Bei letzteren können zwei Linien unterschieden werden, eine im Bereich der Neurobiologie und eine im Bereich der Psychologie.

In England kamen der Physiologe Benjamin Carpenter und der Mediziner Thomas Laycock bei der Analyse der so genannten Willkürbewegungen zur Einsicht, dass sich die neurologische Funktion des Gehirns nicht auf bewusstes und willkürliches Handeln beschränkt, sondern dass sie ein breites Spektrum unwillkürlicher Funktionen umfasst. Sie sprachen ausdrücklich von einer unconscious cerebration und postulierten das Vorhandensein eines unwillkürlichen Ich.

Auf dem psychologischen Strang postulierten vor allem der Amerikaner William James und der Franzose Jean Martin Charcot einen unbewussten Bereich der Psyche. James kam dazu durch die Exploration von Bekehrungen im Rahmen der freikirchlichen Erweckungsbewegung, Charcot beim Bemühen um die Behandlung sog. Geisteskrankheiten. Die Idee des Unbewussten lag also in der Luft. Indessen fehlte eine Methode, mit der man dessen Vorhandensein im Sinn wissenschaftlicher Empirie nachweisen konnte.

Sigmund Freud gelingt im Jahr 1900 der empirische Nachweis des Unbewussten

Das säkulare Verdienst, diesen Nachweis erbracht zu haben, gehört Sigmund Freud (1856-1939). Damit begründete Freud die Psychologie des Unbewussten. Durch Fakten, die auf diesem Forschungsgebiet erarbeitet wurden, ist dann sowohl die archaische wie auch die positivistische Weltsicht überwunden worden.

Allgemein bekannt ist die Psychologie des Unbewussten heute in ihren Anwendungen: in psychotherapeutischen Schulen wie

Psychoanalyse, Analytische Psychologie und vielen anderen. Den theoretischen Hintergrund hingegen, aus dem diese Schulen hervorgegangen sind, kennen nur wenige, war er doch bis vor kurzem gar nicht aufgearbeitet. Da aber das Überwundensein der überlieferten Weltbilder nur dann nachvollzogen werden kann, wenn man diese Fakten kennt, muss ich hier ein längeres Kapitel über Psychologie des Unbewussten einschalten.

Beginnen wir mit dem Begründer dieses Wissensgebiets. Freuds Methode bestand im freien Assoziieren und in der Analyse von Träumen. Auf diese Weise gelang es ihm, aus dem Bewusstsein entschwundene – unbewusst gewordene – Inhalte wieder ins Bewusstsein zu heben.

Dass Freud den bisher verachteten Traum – „Träume sind Schäume" – ernst nahm, erwies sich im Nachhinein als genialer Einfall, der unabsehbare Folgen sowohl für die Psychologie als auch für das Selbst- und Weltverständnis hatte. Zum einen ermöglichte die Analyse der Träume den Nachweis wie auch die Erforschung eines dem Bewusstseins nicht direkt zugänglichen Bereichs der Psyche. Obwohl es noch einige Zeit dauerte, bis das von Freud angewandte methodische Instrumentarium zur vollen Wirksamkeit entwickelt war, sagte schon Freud, der Traum sei die „Via regia" – der Königsweg – zum Unbewussten.

Zum andern aber hat Freud – was kaum je beachtet wird – durch Anwendung seiner Methode den ideologischen Positivismus überwunden und damit das Dilemma von Wissen und Glauben – wenigstens im Prinzip – überstiegen. Durch den Nachweis, dass Träume nicht wie man bisher angenommen hatte, vom Ich gemacht werden, sondern dass das Ich sie wahrnimmt, war nämlich erwiesen, dass es eine Wahrnehmung gibt, die nicht über die Sinnesorgane ins Bewusstsein fließt. Man nennt diese heute, wie schon erwähnt, innere Wahrnehmung, um sie so terminologisch von der Sinneswahrnehmung einschließlich derjenigen des vegetativen Systems und der sechs somatischen Sinne sowie von der Telepathie zu unterscheiden. Damit hatte Freud de facto den bis dahin allein gültigen Empiriebegriff erweitert und einen neuen Typus empirischer Wissenschaft geschaffen. Allerdings ist er sich dessen nie bewusst geworden. Bis an sein Lebensende ist er Positivist geblieben. Das war wohl ein Grund dafür, dass er die Entdeckungen von Jung nicht mehr nachvollziehen konnte. Auf einen anderen werde ich später eingehen.

Die Bresche, die Freud mit dem Nachweis, dass Träume wahrgenommen werden, geschlagen hatte, wurde nämlich noch erweitert, als C. G. Jung (1875-1961) Visionen erforschte und nachwies, dass auch diese innerlich wahrgenommen werden: dass sie eine Art Träume sind, jedoch vom Ich nicht im Schlaf, sondern im sog. außergewöhnlichen Bewusstseinszustand empfangen werden. Ich werde auf die Vision zurückkommen, da deren Verständnis für die Auseinandersetzung mit der archaischen Weltsicht bzw. der Theologie unabdingbar ist.

Weil es sich beim innerlich Wahrgenommenen um semantisch und syntaktisch gestaltete, in einer Bildersprache codierte Texte handelt, fasst man in der Tiefenpsychologie Wachfantasien, Träume und Visionen unter dem Oberbegriff „Gestaltungen des Unbewussten“ zusammen.

Jung wies bei Diskussionen mit Wissenschaftlern, die ihn häufig als Fantasten apostrophierten, zwar immer wieder darauf hin, dass er seine Befunde empirisch erarbeitet habe. Indessen vermochte er nie zu sagen, inwiefern sich die von ihm angewandte Empirie von derjenigen der positivistischen Wissenschaften unterschied. Dies wurde erst in den 70er Jahren erkannt, als man sich bemühte, durch transdisziplinäre Reflexion ein zeitgemäßes Menschenbild zu erarbeiten. Weil bei den hierzu notwendigen Diskursen von Positivisten wie Theologen der Tiefenpsychologie immer wieder der wissenschaftliche Status abgesprochen wurde, war man nun gezwungen, die bis dahin in der Schule von C. G. Jung vernachlässigte theoretische Reflexion nachzuholen. Dazu gehörte auch die Reflexion über die erkenntnistheoretischen Grundlagen der Tiefenpsychologie.

Zwei Etappen der Entdeckung des Unbewussten

Gut ein Jahrzehnt nachdem Freud den empirischen Nachweis des Unbewussten erbracht hatte, zeigte sich, dass mit seiner Methode – genauer gesagt mit seinem Traumverständnis – nur eine oberflächliche „Schicht" des Unbewussten erschlossen werden kann: nur Inhalte, die einst bewusst oder halb bewusst gewesen, dann aber wegen Inkompatibilität mit der „herrschenden Meinung" aus dem Bewusstsein verdrängt worden sind.

Die Erschließung weiterer Bereiche des Unbewussten ergab sich dann aus dem Ringen um das Verständnis der so genannten archaischen Reste in Träumen: jener Traumelemente, zu denen der Träumer keine Assoziationen aus seiner persönlichen Lebensgeschichte beisteuern kann. Es handelte sich dabei um Gestalten, die in der Außenwelt nicht nachweisbar sind, wie z. B. Nixen, Kentauern, Engel, Dämonen und Götter; ebenso um Geschehensabläufe, die den Gesetzen der Physik und der Logik widersprechen: z. B. dass ein Gott eine menschliche Jungfrau befruchtet und diese dann ein göttliches Kind zur Welt bringt, dass ein Mensch auf dem Grund des Meeres ein Feuer anzündet oder dass einer nach dem Tode wieder zum Leben erwacht.

Die Diskussion über die Bedeutung solcher Trauminhalte spielte sich 1909 zwischen Freud und Jung ab, als diese während einer Vortragsreise in die USA sieben Wochen lang beisammen waren und sich gegenseitig ihre Träume deuteten. Freud vertrat die Ansicht, es handle sich bei den sog. archaischen Resten um bedeutungslose Relikte aus früheren Phasen der Menschheitsentwicklung. Jung hingegen kam zur Überzeugung, gerade diese Gestalten und Motive enthielten die wichtigste Information über das Unbewusste. Durch diese Meinungsverschiedenheit trennten sich in der Folge die Wege der beiden Forscher.

Nach der Reise ging Jung – ohne vorerst das kommende Zerwürfnis mit Freud zu ahnen – daran, seine Auffassung wissenschaftlich zu begründen. Im Unterschied zu Freud kannte er sich in der Mythologie sehr gut aus. So fiel ihm denn auf, dass es sich bei den „archaischen" Elementen in Träumen um die gleichen Gestalten und Geschehensabläufe handelte, wie sie in den Mythen vorkommen. Er schloss daraus, dass Mythen ebenfalls als Gestaltungen des Unbewussten zu verstehen sind: als ursprünglich innerlich wahrgenommene bildhafte Veranschaulichungen unanschaulicher – vor allem psychischer – Sachverhalte.

Um den Bedeutungsgehalt der „archaischen" Bilder und Bildabläufe zu verstehen, ging Jung nach Art der vergleichenden Sprachforschung vor, indem er Mythen aus verschiedenen Kulturen, deren Sinn ja häufig schon durch (theologische) Reflexion erschlossen war, miteinander verglich. Dabei erkannte er, dass sich die ungeheure Vielfalt von Figuren und Geschehnissen auf einige wenige Grundmuster von Bedeutung zurückführen ließ: z. B. auf die Themen „Hegen und Pflegen", „Hinaustreten in die unbekannte, gefährliche Welt", „Übergang von einer überholten Einstellung zu einer differenzierteren" usw. Solche Bedeutungskategorien nannte er Archetypen. So bezeichnete er z. B. die vorhin erwähnten als Archetypus des Weiblichen, als Heldenarchetyp und als Archetyp des Übergangs.

Aufgrund der Beobachtung, dass in Mythen aller Zeiten und Breiten sowie in Träumen heutiger Menschen immer wieder die gleichen Bedeutungsmuster (Archetypen) vorkamen, zog Jung den Schluss, diese seien für Homo sapiens artspezifisch bzw. – wie man heute sagt – phylogenetisch erworben. Dies wiederum führte ihn zum Schluss, es seien zentralnervöse Strukturen (im Sinn von Software) vorhanden, welche die diesen Mustern entsprechenden Bilder hervorbringen. Da Jung in der Terminologie nicht sehr präzis war, bezeichnete er auch diese Strukturen als Archetypen, was dann zu viel Verwirrung führte.

Mit dem Archetypbegriff hatte Jung, wie er später sagte, den Schlüssel in der Hand, mit dem er sowohl den Mythos als auch das Unbewusste erschließen konnte. Es war eine Erkenntnis, welche weiterführende Konsequenzen nicht nur für Mythologie und Tiefenpsychologie, sondern auch für die einige Kulturwissenschaften hatte. Auch für die Theologie hatte sie Konsequenzen, allerdings „tödliche".

Nun sind in den Gestaltungen des Unbewussten nicht einfach einzelne Bilder aneinander gereiht. Sie sind – wie Texte der Wortsprache – strukturiert. So wird aus der Vielzahl der (synonymen) Bilder, mit denen ein bestimmter Sachverhalt veranschaulicht werden kann, jeweils dasjenige ausgewählt, das in den konkreten Kontext passt. Ferner kann an einem vollständig erinnerten Traum ein charakteristischer Aufbau festgestellt werden. Wie an einem griechischen Drama kann man daran Exposition, Verwicklung, Krisis und Lysis unterscheiden. All das veranlasste Jung, – um 1920 herum – im Unbewussten nicht einfach einzelne, voneinander unabhängige Archetypen (Bedeutung II) anzunehmen, sondern eine zentrale sprachbildende Instanz sowie natürlich auch eine dieser zugrunde liegende neuronale Struktur.

In der Annahme einer solchen spontanaktiven, zu Integration fähigen Instanz, die er als Selbst bezeichnete, wurde er bestärkt durch Langzeit-Beobachtungen seelischer Entwicklungsprozesse, die er Individuationsprozesse nannte. Er hatte nämlich festgestellt, dass diese so verlaufen, wie wenn vom Unbewussten her jemand Regie führen und das bewusste Ich zur Entwicklung drängen würde. Ferner war ihm aufgefallen, dass Individuationsprozesse – bei aller individuellen Variation des Verlaufs – einem typischen Muster folgen: dass eine gleich bleibende Abfolge von

Stadien mit bestimmten zu lösenden Aufgaben durchschritten werden muss. Dies bedeutete, dass in der zentralen Führungsinstanz – im Selbst – ein arteigenes Programm für die Ontogenese des Bewusstseins gespeichert ist.

Ein Paradigmenwechsel

Für die Psychologie bedeutete der empirische Nachweis des Unbewussten einen Paradigmenwechsel in dem Sinn, wie Thomas Kuhn ihn in die Wissenschaftslehre eingeführt hat. Aus der Bewusstseinspsychologie entstand dabei Tiefenpsychologie. Diese stützt sich, wie schon gesagt, auf den um die innere Wahrnehmung erweiterten Empiriebegriff. Nun setzen sich Paradigmenwechsel in der Regel innerhalb einer Generation durch. In der empirischen Psychologie war dies jedoch nicht der Fall. Die sog. akademische Psychologie, die heute an den Universitäten noch dominiert, ist weiterhin positivistisch. Das mag daran liegen, dass die empirische Psychologie einst aus der Physiologie – also aus der Untersuchung gesunder Menschen – hervorgegangen ist, die Entdeckung des Unbewussten sich jedoch im Bereich der Medizin ereignete: beim Bemühen um die Linderung seelischer Störungen. Weil sich die frühe empirische Psychologie unterdessen an der philosophischen Fakultät angesiedelt hatte, man dort aber wegen der geistigen Abschottung der Fakultäten nicht zur Kenntnis nahm, was sich im medizinischen Bereich ereignete, kann man sich zwar einigermaßen erklären, dass heute noch zwei grundverschiedene Arten empirischer Psychologie nebeneinander existieren.

Der tiefere Grund für diese Sonderbarkeit liegt jedoch m. E. darin, dass die Entdeckung des Unbewussten, wie wir noch sehen werden, ein neues Menschenbild zur Folge hatte. Nun ist der individuelle Schritt von einem überholten zu einem grundlegend neuen Menschenbild nicht einfach ein Akt der Informationsaufnahme, sondern der Bewusstwerdung. Eine solche hat aber ihre eigenen Gesetzmäßigkeiten. Vor allem stellen sich in der Regel erst einmal hartnäckige psychische Widerstände ein, weil der Nachvollzug eines phylogenetischen Bewusstwerdungsschritts eine mühevolle – oft sogar schmerzhafte – geistige Auseinandersetzung erfordert.

Tiefenpsychologie: ein neuer Typus empirischer Wissenschaft

Nun gilt es noch sich darüber klar zu werden, inwiefern mit der Tiefenpsychologie nicht einfach ein neuer Zweig am Baum der empirischen Wissenschaften entstanden ist, sondern im vollen Sinn des Wortes ein neuer Typus empirischer Wissenschaft. Fassen wir hierzu deren innere Struktur ins Auge (Abb. 3). Da ist als Erstes festzuhalten, dass an ihr ein praktizierender und ein wissenschaftlicher Bereich zu unterscheiden ist.

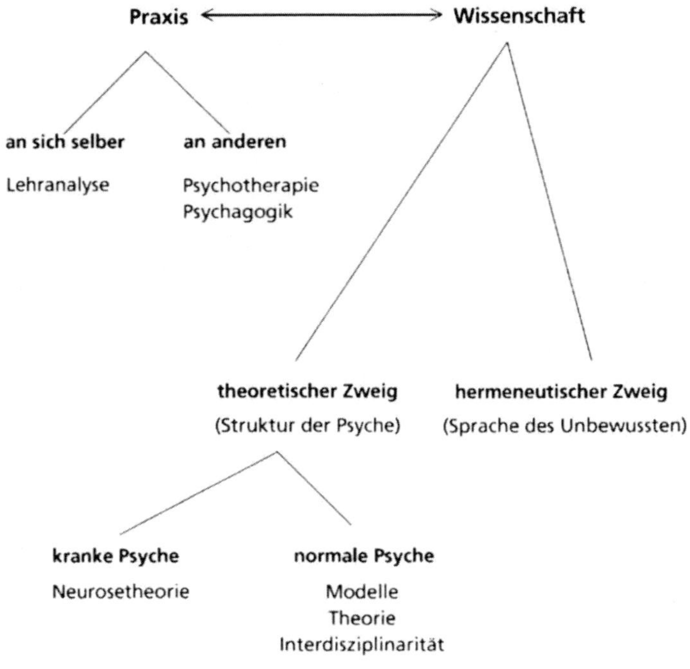

Abb. 3: Die innere Struktur der Tiefenpsychologie

Die praktizierte Tiefenpsychologie hat zwei Funktionen. Zum einen dient sie der Therapie seelischer Störungen. Diese mündet oft in die Begleitung von Individuationsprozessen ein. Dann spricht man nicht mehr von Psychotherapie, sondern von Psychagogik. Praktizierte Tiefenpsychologie ist aber gleichzeitig das Feld, auf dem – im Sinne der Empirie – Fakten gesammelt werden können.

Um zu verstehen, was hier unter dem Sammeln der Fakten verstanden wird, ist die tiefenpsychologische Methode ins Auge zu fassen. Man kann ja nicht einfach sich mit dem Analysanden hinsetzen und dessen Träume deuten. Zuallererst sucht man zu erfahren, was für Probleme ihn beschäftigen. Dabei geht man davon aus, dass der Analytiker – im Unterschied zum Pädagogen – nicht weiß, welches die für den Analysanden richtige Lösung ist, sondern dessen Unbewusstes. Deshalb beobachtet man, wie das Unbewusste auf die Bewusstseinslage reagiert: was für Fantasien, Imaginationen, Träume, ev. Visionen dem Analysanden zufließen und versucht dann, diese Botschaften zu verstehen. Die Tiefenpsychologie richtet somit ihr Augenmerk auf die Wechselwirkung zwischen Bewusstsein und Unbewusstem. Aufgrund der dabei gewonnenen Beobachtungen sucht sie dann theoretische Vorstellungen über die Funktionsweise der Psyche – im Sinn einer empirisch-wissenschaftlichen Theorie – zu erarbeiten.

Dieses tiefenpsychologische Vorgehen unterscheidet sich in verschiedenen Punkten von dem des Bewusstseinspsychologen. Während dieser mit normalen Versuchspersonen arbeitet, geht es in der Tiefenpsychologie, wie eben gesagt, primär um Hilfeleistung bei seelischen Störungen. Während ferner der Bewusstseinspsychologe – aufgrund seiner Modellvorstellung der Psyche – aktiv vorgeht in Form von Experimenten, Tests und Befragungen, muss sich der Tiefenpsychologe erst einmal passiv verhalten in dem Sinn, dass er darauf wartet, was für Reaktionen aus dem Unbewussten kommen. Wenn er dann – zusammen mit dem Analysanden – diese Botschaften zu verstehen sucht, fungiert er als eine Art Geburtshelfer.

Für die Gewinnung jener Fakten, auf die sich die wissenschaftliche Tiefenpsychologie stützt, ist die analytische Sprechstunde ein geradezu ideales Feld. Dies aus folgenden Gründen. Durch die „analytischen Situation“ wird das Unbewusste angeregt, sich dem Ich mitzuteilen. Seine Botschaften können vom Analytiker gleichsam in statu nascendi, d. h. ohne spätere bewusste Überarbeitung erfasst werden. Da der Analytiker zudem die Sprache des Unbewussten versteht und deshalb – zusammen mit dem Analysanden – den Bedeutungsgehalt des innerlich Wahrgenommenen erarbeiten kann, da er außerdem die äußere und innere Lebensgeschichte des Analysanden sowie dessen aktuelle Bewusstseinslage kennt, kann er die Wechselwirkung zwischen Bewusstsein und Unbewusstem gleichsam unter Laborbedingungen beobachten. Allerdings stellt das notwendige emotionale Involviertsein des Analytikers in den Prozess hohe Anforderungen an dessen Kritikfähigkeit. Dank seiner Schulung durch die Lehranalyse – ev. dank Supervision – sollte er jedoch im Stande sein, das für wissenschaftliche Arbeit geltende Objektivitätspostulat zu erfüllen.

Die tiefenpsychologische Wissenschaft hat zweierlei Aufgaben: zum einen die Erforschung der Sprache des Unbewussten, zum andern die Erhellung von Struktur und Funktion des Psyche. Aus diesem Grund spaltet sie sich in zwei grundverschiedene Forschungszweige auf: in den hermeneutischen und den theoretischen (Abb. 3). Grundverschieden sind diese beiden Zweige, weil der hermeneutische die Anwendung geisteswissenschaftlicher Methoden bzw. Gedankengänge erfordert, der theoretische hingegen naturwissenschaftlicher. Auch damit unterscheidet sich die Tiefenpsychologie von den traditionellen wissenschaftlichen Disziplinen. Sie ist ihrem Wesen nach – wie man sagt – transdisziplinär, d. h. sie ist sowohl Natur- als auch Kulturwissenschaft.

Betrachten wir zuerst, was auf dem hermeneutischen Zweig geschieht. Ziel von Hermeneutik ist es, herauszufinden, was der Autor eines Textes sagen wollte. Je nachdem, was für Texte (im weitesten Sinn) man ins Auge fasst, kann zwischen theologischer, juristischer, kunsthistorischer, archäologischer usw. Hermeneutik unterschieden werden.

Bei der tiefenpsychologischen geht es darum, den Bedeutungsgehalt der Gestaltungen des Unbewussten zu ergründen. Hierzu dienen zum einen Fantasien, Träume, ev. Visionen, die von Analytikern gesammelt wurden, zum andern überlieferte Texte wie Mythen (einschließlich des im Credo knapp zusammengefassten christlichen Mythos), ferner Sagen und Märchen, alchemistisches Schrifttum, psychologische und theologische Mystik usw.

Entsprechend der tiefenpsychologischen Theorie sind all die Gestaltungen des Unbewussten Botschaften, welche die im Unbewussten gelegene Führungsinstanz – das Selbst – dem Ich über die innere Wahrnehmung zukommen lässt. Abgefasst sind sie in einer Bildersprache, durch welche an sich unanschauliche – vorwiegend psychische Sachverhalte – veranschaulicht werden.

Da diese Bildersprache dem Ich auf der heutigen Ebene der Bewusstseins-Evolution nicht mehr unmittelbar verständlich ist, müssen die Gestaltungen des Unbewussten gedeutet – in unsere mit Begriffen angereicherte Wortsprache übersetzt – werden. Bei der hermeneutischen Arbeit der wissenschaftlichen Tiefenpsychologie geht es vor allem um die Deutung archetypischer Bilder und Geschehensmotive: der erwähnten „archaischen Elemente". Die Ergebnisse dieses Forschens finden dann Anwendung in der tiefenpsychologischen Praxis, ist doch die Arbeit des Analytikers zur Hauptsache eine hermeneutische.

Vorgegangen wird bei der Erforschung des Bedeutungsgehalts, wie gezeigt, im Sinn der vergleichenden Sprachforschung.

So betrachtet ergab sich, dass die Botschaften des Selbst – mit Blick auf den Inhalt – eingeteilt werden können in korrigierende, zielgebende, sinnstiftende und erhellende bzw. erleuchtende.

Voraussetzung tiefenpsychologischer hermeneutischer Arbeit ist das Wissen um die spezielle Struktur der Bildersprache des Unbewussten. Diese Betrachtungsweise könnte man als Linguistik bezeichnen. Um seine Botschaften zu kodieren, verwendet das Selbst zwar zur Hauptsache Bilder, die uns von der täglichen Erfahrung her bekannt sind: für das Bewusstsein z. B. ein Haus oder eine Wohnung, für das Unbewusste z. B. einen See oder das Meer. In vielen Fällen wirkt das Selbst aber im eigentlichen Sinn des Wortes bildschöpferisch. So schafft es z. B. zur Veranschaulichung der desintegrierenden – zu Grenzüberschreitung im Erkennen wie im Tun drängenden – Tendenzen der Psyche Dämonengestalten: Figuren, die zwar aus bekannten Bildelementen zusammengesetzt sind, die aber so in der Außenwelt nicht vorkommen.

Betrachten wir bildliche Darstellungen des christlichen Dämons – des Teufels – sehen wir einen menschlichen Körper, Hufe oder Krallen, Hörner sowie einen Kuh- oder Drachenschwanz. Aus all diesen in der Umwelt wahrnehmbaren Elementen komponiert die sprachschöpferische Instanz des Unbewussten eine Gestalt, die nirgendwo sinnlich wahrnehmbar ist.

Analog geht sie bei der Darstellung von psychischen Geschehensabläufen und Gesetzmäßigkeiten vor. Während z. B. das Auftauchen einer neuen Einstellung im Verlauf einer alltäglichen Entwicklung oft durch die Figur eines natürlich gezeugten Kindes veranschaulicht wird, verwendet das Unbewusste dann, wenn das Neue ganz besondere Bedeutung hat – sogar für eine ganze Zeitepoche – die paradoxe Sprachfigur der übernatürlichen Zeugung: das Mythologem, dass ein Gott eine menschliche Jungfrau schwängert und diese dann ein göttliches Kind gebiert. Anderseits wird durch das Mythologem von Leiden, Tod und Auferstehung eines Gottes die psychische Gesetzmäßigkeit veranschaulicht, dass eine grundlegend neue Einstellung erst dann integriert werden kann, wenn man an der alten, überholten gelitten und diese daraufhin ganz abgelegt hat.

Der theoretische Zweig der wissenschaftlichen Tiefenpsychologie setzt sich zum Ziel, die bei der Feldforschung gewonnen Beobachtungen zu verarbeiten und dabei Modellvorstellungen über Struktur und Funktion der Psyche – der normalen wie der gestörten – zu erarbeiten. Da die Tiefenpsychologie aus dem Bemühen um Verständnis und Behandlung von Neurosen hervorgegangen war, nahmen von Anfang an Überlegungen über deren Pathologie, Pathogenese und Behandlung einen breiten Raum ein. Dabei entstand eine Vielzahl von Neurosetheorien und therapeutischen Methoden. Letzteres führte zur Ausbildung verschiedener Schulen, von denen jede ein bestimmtes Segment auf dem breiten Spektrum psychischer Störungen abdeckt.

Überlegungen zur Struktur und Funktion der normalen Psyche kamen erst in zweiter Linie, spielten sich mehr im Hintergrund ab und erlangten bei weiten nicht den gleichen Bekanntheitsgrad wie Neurosetheorien und Therapie. Indessen war es gerade die neue Modellvorstellung der normalen Psyche, welche Konsequenzen für das Menschenbild – sogar für das Weltbild – hatte. Diesem Modell allein soll im Folgenden unsere Aufmerksamkeit gelten.

Zustande gekommen ist die heute noch gültige, unterdessen von vielen positivistischen Disziplinen bestätigte Modellvorstellung schon in den ersten beiden Jahrzehnten der Tiefenpsychologie, also zwischen 1900 und 1920. Blicken wir auf deren Genese zurück, können wie zwei Etappen unterscheiden, deren erste mit dem Namen Freud, deren zweite mit dem Namen Jung verbunden ist.

Freud fasste das Unbewusste noch als etwas auf, das im Verlauf des individuellen Lebens – bei der Ontogenese – durch Verdrängen und Vergessen zustande kommt und das infolgedessen auf das Bewusstsein störend wirkt. Jung, der schon der nächsten Forschergeneration angehörte, hat zwar das Modell von Freud bestätigt, doch hat er es beträchtlich erweitert und differenziert. Die Modelle von Freud und von Jung verhalten sich zueinander wie – mutatis mutandis – die Gravitationstheorie von Newton zu der von Einstein.

Jung hatte sein Modell spätestens 1920 fertig erarbeitet. Leider hat er es nie systematisch – in allen seinen Facetten – dargestellt. Das lag daran, dass er sich in der folgenden Zeit fast nur noch mit der Erforschung der Sprache des Unbewussten befasste. Zum einen hatte er ja – seine zweite große Pionierleistung – deren Code entschlüsselt.

Zum andern hat ihn vor allem die aus dem Unbewussten kommende Bilderwelt interessiert. Bemerkungen über seine Modellvorstellung der Psyche, die er gleichsam im Hinterkopf mit sich herumtrug, sind ihm in seinen hermeneutischen Arbeiten sozusagen unter der Hand in den Text eingeflossen. Deshalb sind sie über sein ganzes Werk verstreut.

Als diese Einsichten Jungs in den 70er Jahren beim interdisziplinären Bemühen um die Erarbeitung eines zeitgemäßen, erfahrungswissenschaftlich fundierten Menschenbildes aktuell wurden, mussten seine verstreuten theoretischen Bemerkungen erst einmal zusammengetragen, in ihrer Bedeutung im Kontext verstanden und dann wie ein Puzzle zusammengefügt werden. Da erst konnte die geniale Einfachheit und Stimmigkeit seines Modells erkannt und in seiner Bedeutung erfasst werden.

Obwohl es damals schon 50 Jahre alt war und sich die Wissenschaften vom Lebendigen unterdessen geradezu exponentiell entfaltet hatten, war es immer noch gültig. Es zeigte sich sogar, dass die positivistischen Wissenschaften es im Nachhinein bestätigt bzw. untermauert hatten. Ich kann hier nicht darauf eingehen. Ausführlich dargestellt habe ich es in meinem Buch „Archetypen - Natur und Kulturwissenschaften bestätigen C. G. Jung".

Betrachten wir jetzt Abb. 4. Natürlich schaut die Psyche nicht so aus, wie ich sie hier dargestellt habe. Sie ist ja unanschaulich, d. h. sie schaut überhaupt nicht aus. Da wir uns aber Unanschauliches nur räumlich vorstellen können, müssen wir es durch grafische Modelle veranschaulichen.

Dabei kann man verschiedene Darstellungsweisen wählen. Ich habe mich entschlossen, zur Darstellung des psychischen „Feldes" einen Kreis zu zeichnen und zur Darstellung der zu Informationsverarbeitung fähigen „Zentren" einen Punkt. Was ich auf meiner Skizze nicht darstellen konnte, ist die psychische Dynamik sowie die evolutionäre Tiefe der Zentren – vor allem des Selbst – und auch nicht den Objektivitätscharakter des Unbewussten. Ich werde es verbal beschreiben.

Wohl die bedeutendste Entdeckung Jungs, aus der sich alles Weitere ergab, war, dass das Unbewusste artspezifisch bzw. – wie man heute sagt – phylogenetisch erworben ist. Er bezeichnete es als kollektives, da ihm die heutige Terminologie noch nicht zur Verfügung stand. Dieser Ausdruck hat in der Folge zu vielen Missverständnissen geführt. Viele glaubten, Jung habe darunter so etwas wie einen Äther verstanden, der die ganze Erde umhüllt und an dem die einzelnen Menschen partizipieren. Dabei hat Jung in einem Kolloquium auf die Frage eines Schülers, was er unter dem kollektiven Unbewussten verstehe, deutlich erklärt, es verhalte sich damit gleich wie mit der Leber. Jeder Mensch habe eine Leber, bei allen Menschen sei sie gleich und alle bringen sie bei der Geburt schon mit. Mit anderen Worten: Mit dem Ausdruck

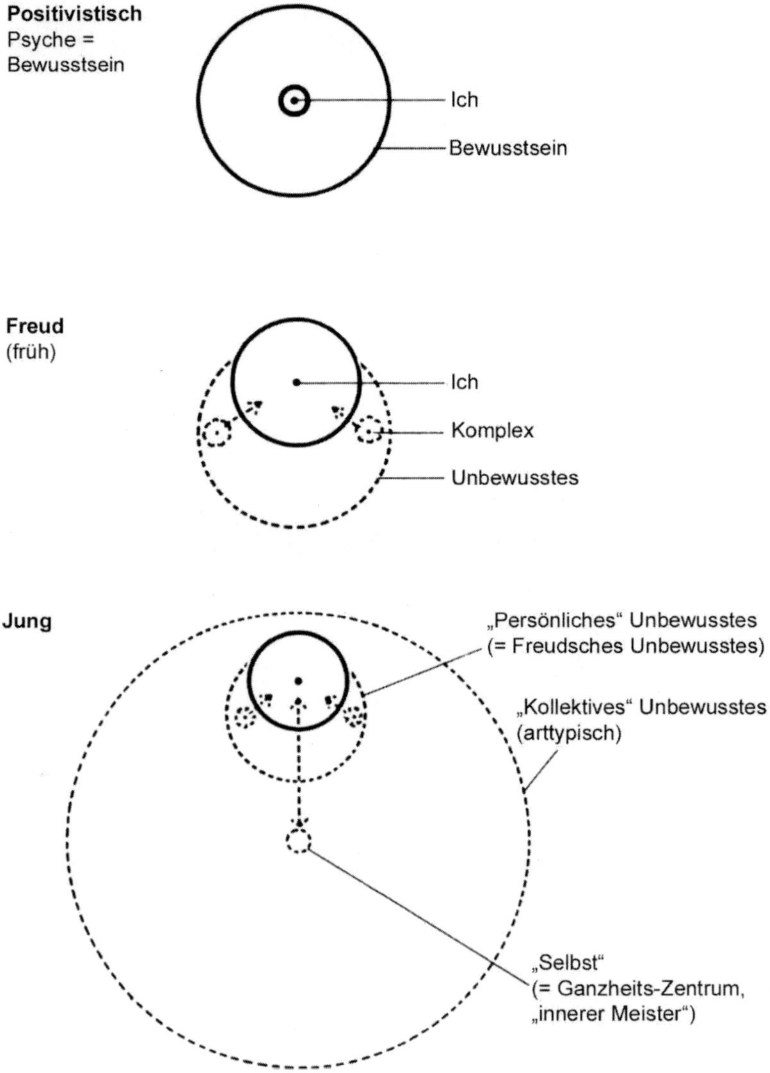

Abb. 4: Modellvorstellungen der Psyche

„kollektiv“ habe er sagen wollen, das Unbewusste sei phylogenetisch erworben. Dies, um sein Konzept vom ontogenetischen Unbewussten Freuds, das er als „persönliches“ bezeichnete, abzusetzen.

Das mit dem Äther hat seinen Grund wahrscheinlich in der Tatsache, dass es eine direkte – nicht über die bekannten Sinnesorgane gehende – Kommunikation von Unbewusstem zu Unbewusstem gibt: jenen Informationsweg, über den z. B. Gedankenlesen und Hellsehen laufen und der in der Gruppendynamik sowie bei Massenveranstaltungen eine Rolle spielt. Das aber hat Jung, der sich ja mit diesen Phänomenen auch befasst hat, mit dem Ausdruck „kollektives Unbewusstes“ nicht gemeint.

Bei Biologen seiner Zeit stieß Jung allerdings mit der These von der Artspezifität des Unbewussten auf vehemente Ablehnung. Das ist nicht erstaunlich, war doch die Auffassung vom Lebewesen – wie die gesamte Naturauffassung – damals noch ausgesprochen mechanistisch und materialistisch.

Heute ist das Reden von der Artspezifität des menschlichen Unbewussten für einen informierten Biologen selbstverständlich. Seit dem Aufkommen der Ethologie weiß man, dass Tiere außerordentlich hoch entwickelte Strukturen des Erkennens und Verhaltens haben, sowie auch, dass Tiere sich dessen nicht bewusst sind. Man kann somit sagen, jede tierische Art habe das für sie typische Unbewusste. Zwar ist der Ausdruck „unbewusst“ ein Terminus der Tiefenpsychologie, da diese, wie gezeigt, von der Bewusstseinspsychologie hergekommen ist. Biologen gebrauchen dafür das Wort „vorbewusst“, da sie ja der Evolutionsachse entlang aufwärts denken. Tiere sind also für sie Lebewesen, die noch kein Bewusstsein besitzen. Solcher Art sind eben die Sprachprobleme, die bei interdisziplinärer Arbeit erst einmal geklärt werden müssen.

Das unbewusste kognitive System, das jede tierische Art neben ihrem anatomisch-physiologischen besitzt, ist – ebenso wie dieses – phylogenetisch erworben. Es umfasst – als „angeborenes" Wissen – das gesamte Know-how, das es zum Leben und Überleben in einer zum größten Teil feindlichen Umwelt benötigt. Dieses Know-how des Lebens ist im Zug der Evolution – durch Auseinandersetzung mit der sich verändernden Umwelt – ständig angereichert worden. Aus diesem Grund hat Konrad Lorenz die Bio-Evolution als Wissen gewinnenden Prozess bezeichnet. Im menschlichen Unbewussten hat das für die Wirbeltierreihe charakteristische Know-how seine höchste Ausprägung erfahren. Aus diesem „fruchtbaren Boden" ist dann Bewusstsein – die Fähigkeit zur Unterscheidung zwischen Ich und Nicht-Ich bzw. Subjekt und Objekt – hervor gewachsen.

Die zweite große Entdeckung Jungs im Rahmen der Theorie war die des Selbst: der im unbewussten Bereich gelegenen Führungsinstanz der gesamten Psyche (einschließlich des Bewusstseins bzw. Ich). Auch dieses Konzept unterlag auf der einen Seite großen Missverständnissen und wurde auf der andern Seite von Biologen während langer Zeit abgelehnt. Die Ablehnung des Selbst durch Biologen erfolgte aus den gleichen Gründen wie deren anfängliche Ablehnung des arteigenen Unbewussten.

Zunächst ein Wort zu den Missverständnissen. Obwohl Jung das Konzept des Selbst – ebenso wie das der Artspezifität – aufgrund von Beobachtungen psychischer Phänomene, also nach den Regeln der Empirie erarbeitet hatte, wurde es von vielen seiner Schüler mystifiziert. Das lag daran, dass die meisten von ihnen nicht von der Naturwissenschaft her kamen, sondern von den Geisteswissenschaften und der Theologie. So sprach denn schon Jungs direkte Schülerin Marie Louise von Franz – eine Altphilologin – bald einmal von einem kosmischen, ja sogar von einem göttlichen Selbst. Ihre Jünger übernahmen natürlich dieses Missverständnis und trugen es in vielen Publikationen unter die

Leute, wobei sich vor allem Theologen hervortaten. Die Fehldeutung des Jungschen Konzepts des Selbst haben nach der 68er Revolte in den USA die Protagonisten der New-Age-Bewegung – Capra, Maslow, Ken Wilber usw. – übernommen. Sie waren dafür disponiert, da sie sich schon von ihren indischen Gurus deren gnostisches Gedankengut – und damit deren mythische Vorstellung des „Kerns“ der menschlichen Psyche – angeeignet hatten.

Auch Jung mag diesem Missverständnis Vorschub geleistet haben: durch seine Vorliebe für die Gnosis. Dort glaubte er nämlich die Bestätigung für seine Entdeckung des Selbst gefunden zu haben. In seinen Erinnerungen erzählte er, nach der Ablehnung dieses Konzepts durch die damalige „Zunft“ habe er sich gefragt, ob er etwa damit „aus der Menschheit heraus gefallen“ sei. Da sei es für ihn eine große Erleichterung gewesen, als er in indischen Schriften auf den Begriff des Atman stieß. Im Inana Joga, einer sozusagen reinblütigen Ausformung des gnostischen Religionstyps nennt man nämlich das Pleroma Brahman und den „Rest göttlicher Substanz“ im Menschen Atman. Auch vom Atman wurde angenommen, er sei dem Bewusstsein nicht direkt zugänglich, doch „befruchte“ er dieses. Jung sah darin ein Analogon zu seinem Selbst.

Nun ist allerdings – wenigstens aus heutiger Sicht – klar, dass für die beiden eine völlig verschiedene Genese angenommen wird. Der Atman floss – gemäß gnostischer Vorstellung – vom Himmel herab und umkleidete sich dann mit einem menschliche Leib. Das von Jung erarbeitete Selbst hingegen kam „von unten her“, d. h. es war das Endprodukt der „aufsteigenden“ Evolution der Lebewesen. Vielleicht ist sich Jung dieses Unterschieds gar nicht bewusst geworden. Vielleicht hat er es auch nicht für nötig gefunden, darauf hinzuweisen. Jedenfalls wäre es schwer begreifbar, dass ihm der Unterschied zwischen einer mythischen und eine empirisch fundierten Theorie nicht bewusst gewesen wäre. Da Jung aber auch immer wieder die Auffassung vertrat, die Gnosis habe das Wesen der Psyche besser erfasst als das Christentum, leistete er den Missverständnissen zumindest Vorschub.

Um sich über das, was Jung unter dem Selbst verstanden hat, Klarheit zu verschaffen, möge man Abb. 5 betrachten. Darauf ist der Informationsfluss innerhalb der Psyche sowie zwischen Psyche und Außenwelt modellhaft dargestellt.

Dem Modell liegt das kybernetische Prinzip zu Grunde. Stellen wir uns – in der Grafik – auf den Standpunkt des Ich. Da sehen wir diesem zwei grundverschiedene Informationsströme zufließen: die Sinneswahrnehmung und die innere Wahrnehmung.

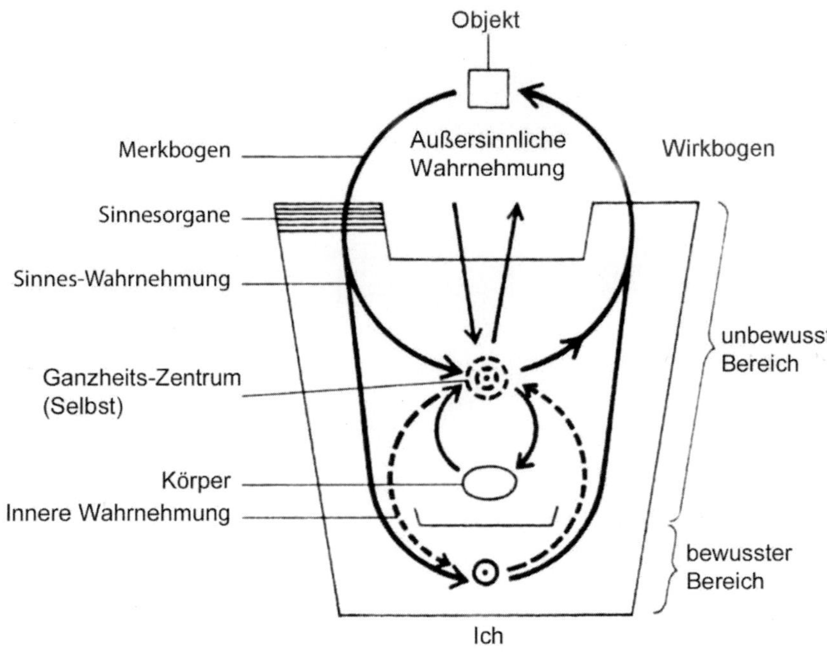

Abb. 5: Informationsfluss innerhalb der Psyche sowie zwischen Psyche und Außenwelt

Die Sinneswahrnehmung, die definitionsgemäß über die Sinnesorgane in die Psyche einströmt, fließt zum größten Teil in den unbewussten Bereich. Nur ein kleiner Teil davon erreicht das Ich. Dass sie dem Ich die Außenwelt nicht genau so vermittelt, wie diese „an sich" ist, wissen wir seit Kant, der ja die Unterscheidung zwischen Welt und Weltbild eingeführt hat: eine Unterscheidung, welche dem heute vielfach hypertrophierenden Konstruktivismus zu Grunde liegt. Diesem Hypertrophieren ist jedenfalls entgegenzuhalten, was Konrad Lorenz in seiner evolutionären Erkenntnistheorie gesagt hat: Lebewesen, die ihre Umwelt nicht adäquat wahrgenommen haben, wurden von der Selektion ausgemerzt.

Die innere Wahrnehmung fließt vom Selbst zum Ich. Im Unterschied zur Sinneswahrnehmung vermittelt sie dem Ich verarbeitete Information. Es ist das Selbst, das die verschiedenen ihm zufließenden Informationsströme integriert. Es sind dies die verschiedenen Qualitäten (optische, akustische usw.) der ihm von außen zufließenden Sinneswahrnehmung, ferner die Wahrnehmung aus dem eigenen Körper sowie die sog. außersinnliche (nicht über die bekannten Sinnesorgane gehende) Wahrnehmung, sowie schließlich die vom Ich her kommenden Rückmeldungen. All das wird – im Sinne kybernetischer Informationsverarbeitung – noch verglichen mit den „angeborenen Sollwerten".

Als Ergebnis dieser Integrationsprozesse sendet das Selbst dann als Wirkimpulse entweder direkt in die Außenwelt oder in den Körper oder – auf dem Kanal der inneren Wahrnehmung – ins Bewusstsein bzw. zum Ich. Je nach Bewusstseinszustand – Wachsein, Schlaf oder sog. außergewöhnlicher – erreichen diese Botschaften das Ich in Gestalt von Wachfantasien, von Träumen oder von Visionen. Dabei sind sie in einer Bildersprache kodiert. Diese zu erforschen ist, wie gesagt, Aufgabe des hermeneutischen Zweigs der Tiefenpsychologie.

Bevor wir weitergehen, möchte ich noch schildern, wie die Mystifikationen des Selbst-Konzepts durch positivistische Forschung wieder auf den Boden der Realität heruntergeholt worden sind. Heruntergeholt hat sie – ohne es zu beabsichtigen – der Neurologe Gino Gschwend durch die Erforschung des weite Bereiche der Großhirnrinde einnehmenden Gesamtintegrationssystems. Die Skizzierung seines Werks werde ich hier – zum besseren Verständnis – in einen ein wenig größeren Zusammenhang einbetten. Auch mag es als Beispiel für meine frühere Aussage dienen, Jungs Konzept sei seither durch positivistische Wissenschaften bestätigt bzw. untermauert worden.

Gehen wir davon aus, dass das tiefenpsychologische Modell den Begriff „Selbstregulation" impliziert. Indem Jung die unbewusst-bewusste Psyche als selbstregulierendes System mit einem Haupt- und einem Filialzentrum – dem Selbst und dem Ich – auffasste, nahm er die systemische Naturbetrachtung um einige Jahrzehnte voraus: jene Sicht der Natur, welche seit den 50er Jahren die rein analytische – in den Biowissenschaften insbesondere die mechanistische – abgelöst hat.

Wesentlich zur systemischen Sicht beigetragen hat die Erkenntnis, dass die Natur das Prinzip des rückgekoppelten Regelkreises schon seit über drei Milliarden Jahren angewendet hat. Ins Blickfeld gerückt hat dies vor allem die molekulare Zellbiologie. Sie hat gezeigt, dass die ungezählten programmgesteuerten Prozesse in der Zelle den Lebensprozess nur deshalb aufrechterhalten können, weil sie geregelt und zudem die vielen Regelkreise miteinander vernetzt sind.

Nach dem Schritt zur Mehrzelligkeit wurde das Prinzip der miteinander vernetzten Regelkreise auf höheren Komplexitätsebenen weitergeführt: auf der der Gewebe, der Organe und Organsysteme sowie des Organismus. Auf Regelung spezialisiert hat sich im Zug der Bioevolution das Nervengewebe. Im Rahmen der innerorganismischen Hierarchie bildete sich nach und nach eine Hierarchie neuraler Regulationszentren aus. Jedes von ihnen ist bis zu einem gewissen Grad autonom, jedoch nur unter Kompetenzabgabe nach oben an höhere Zentren. An der Spitze der Hierarchie bildete sich schließlich eines aus, das die Regulation des gesamten Organismus – sowohl unter dem somatischen als auch dem psychischen Aspekt betrachtet – ausübt. Regelkreise setzen Informationsfluss und Informationsverarbeitung voraus. Da dies auf allen Ebenen eines Organismus unbewusst verläuft, muss man den landläufigen Begriff des Unbewussten ausweiten. Im Grunde genommen reicht das, was wir das Unbewusste nennen, bis hinab in die Zellen.

Wie das Nervensystem auf den verschiedenen Ebenen funktioniert, hat die Neurobiologie mit immer leistungsfähigeren Methoden Schritt um Schritt aufgedeckt. Heute ist es so weit, dass ihre Ergebnisse mit denen der tiefenpsychologischen Forschung zusammentreffen. Der Treffpunkt ist das vorhin erwähnte oberste Regulationszentrum, das in der Sprache der Neurobiologie als Gesamtintegrationssystem, in der Sprache der Tiefenpsychologie als Selbst bezeichnet wird. Damit trafen – aus verschiedenen Richtungen kommend – jene beiden Forschungsstränge zusammen, auf denen sich im 19. Jh. die Entdeckung des Unbewussten angebahnt hat. Erfolgt ist der Durchbruch seinerzeit, wie gesagt, auf dem „psychischen“ Strang. Auf dem der Neurobiologie ereignete er sich erst vor wenigen Jahren.

Begonnen hat hier die weiterführende Entwicklung zwar schon 1906, als der Engländer Charles Scott Sherrington, der Entdecker der Funktion des Neurons (Nobelpreis 1932), ein in der Großhirnrinde gelegenes Gesamtintegrationssystem postulierte. Bis dieses im Detail erarbeitet werden konnte, brauchte es jedoch noch Jahrzehnte neurobiologischen Forschens. Insbesondere musste man sich des hohen Komplexitätsgrades neuronaler Interaktion auf dieser obersten Ebene bewusst werden. In den Siebzigerjahren war es dann so weit. Auf Anregung seines Lehrers, des Schweizer Nobelpreisträgers Walter Rudolf Hess, der den Sitz der Instinktzentren im Zwischenhirn sowie den Sitz des Schlafzentrums im Thalamus nachgewiesen hatte, unternahm der Neurologe Gino Gschwend die Erforschung des Gesamtintegrationssystems, das er abgekürzt Integrator nennt. Dieser größte Neuronenverband des Gehirns – bestehend aus einem Globalsystem und 18 Teilsystemen – erwies sich als jenes oberste Regulationszentrum, das Nachrichten „von überall her" – von außerhalb und innerhalb des Organismus – empfängt. Aufgrund dieses Inputs und seines phylogenetisch erworbenen Wissens entwirft das Globalsystem fortlaufend situationsgerechte Handlungsmuster, die es in die Muskulatur (auch in die des Sprechapparats) hinausschickt. Gleichzeitig stellt es – über das vegetative Nervensystem – die hierzu nötige Energie bereit. Außerdem sendet es an das aus ihm hervorgegangene Ich jene Impulse, welche in der Sprache der Tiefenpsychologie als Gestaltungen des Unbewussten bezeichnet werden.

Einen Integrator besitzen zumindest alle Wirbeltiere. Gemäß der Terminologie der Tiefenpsychologie kann man somit sagen, jede solche Spezies habe ein Selbst. Im Grunde genommen hat schon ein Einzeller eines, wenn auch ein sehr einfaches. Auch wenn er noch kein Nervensystem besitzt, ist er doch in der Lage, seine Nahrung zu erkennen, ihr die Energie zu entziehen, diese in körpereigene Energiewährung umzumünzen, programmgesteuerte auf- und abbauende Stoffwechselprozesse sowie den komplizierten Teilungsvorgang zu vollziehen usw. Die Tatsache, dass das Zusammenspiel all dieser Vorgänge in einem Einzeller ganzheitlich geregelt ist, muss als Selbst bezeichnet werden. Was die evolutionäre biologische Kognitionsforschung ins Auge fasst, ist im Grunde genommen die Komplexitätszunahme solcher Selbste.

Das Auftreten von Bewusstsein – und damit eines Ich – bei der Ontogenese des Menschen stellt sich Gschwend in der Weise vor, dass im Verlauf des ersten Lebensjahres gewisse Neuronen des Globalsystems auf spezielle Weise spontanaktiv werden. Sobald dies geschieht, beginnt das Globalsystem sich selbst zu integrieren: es beginnt zu reflektieren. Bei der Wechselwirkung zwischen Ich und Selbst, auf die die Tiefenpsychologie ihr Augenmerk richtet, handelt es sich somit um die Wechselwirkung zwischen dem (sehr kleinen) zu Selbstintegration bzw. Reflexion fähigen Bereich des Integrators und jenem (überaus großen) Bereich desselben, der die unbewusste Gesamtintegration ausübt.

Durch das Wissen um die Funktionsweise des Gesamtintegrationssystems klärte sich auch das heute noch von vielen diskutierte Problem der Willensfreiheit. Das Ich, das ja nicht nur reflektiert, sondern auch „willentlich" handelt – und das im positivistischen Menschenbild als einzige wollende Instanz galt – erweist sich nämlich nicht nur aus tiefenpsychologischer, sondern auch aus neurobiologischer Sicht als „geführter Führer". Wie alle innerorganismischen Regulationszentren außerhalb des unbewusst agierenden Integrators hat nämlich auch das Ich nur relative Autonomie. Während aber die niedrigeren Zentren – von der Zelle an aufwärts – wie gesagt als relativ autonom unter Kompetenzabgabe „nach oben" bezeichnet werden können, kann man sagen, das Ich (der „freie Wille") sei relativ autonom unter Kompetenzabgabe „nach unten": an das – evolutionsmäßig betrachtet – „unter" ihm gelegene Gesamtintegrationssystem bzw. Selbst.

Ergeben hat sich dies aus dem Verlauf der Evolution. Während die neuronale Hierarchie von unten nach oben heranwuchs, ist das Ich aus dem Integrator – quasi als Subzentrum – hervorgegangen: von diesem sozusagen nur in eine relative Freiheit entlassen worden. Daraus ergibt sich auch das Verständnis für die Tatsache, dass in den Gestaltungen des Unbewussten dem Ich korrigierende und zielgebende Impulse zufließen.

Das Wissen über den Integrator erhellt übrigens auch den Evolutionsschritt vom tierischen Primaten zum Menschen. Von der Neurobiologie her betrachtet ergab sich die Fulguration von Bewusstsein dadurch, dass der Integrator über wenige (auf spezielle Weise) spontanaktive Neurone die Fähigkeit zur Selbstintegration erlangte. Die anschließende Evolution des Bewusstseins beruhte bei dieser Sicht darauf, dass immer mehr spontanaktive Neurone die Selbstintegration des Globalsystems Schritt für Schritt ausgebaut haben. Dabei fulgurierten jeweils neue, sekundäre kognitive Fähigkeiten wie z. B. die Fähigkeit zu Syntax, zu Begriffsbildung und zu Mathematik.

Der Individuationsprozess

So wie es eine Phylogenese des Bewusstseins gibt, gibt es auch eine Ontogenese desselben: eine Entwicklung des Ich im Verlauf eines individuellen Lebens. Was beim menschlichen Kind im Verlauf des zweiten Lebensjahres aus dem bis dahin unbewussten Dahinleben als Ich in Erscheinung tritt, ist einer Knospe vergleichbar. In der Folge soll diese – gemäß dem arteigenen Programm – zu einer wohlgeformten, reifen Frucht heranwachsen. Über welche Phasen dieser so genannte Individuationsprozess verläuft, hat Jung ebenfalls entdeckt. Genau genommen entdeckte er die aufeinander folgenden Phasen der psychischen Individuation und von diesen insbesondere die der zweiten Lebenshälfte.

Individuation geschieht nicht nur beim Menschen. Sie vollzieht sich bei allen mehrzelligen Lebewesen. Mit dem Evolutionsschritt zur Mehrzelligkeit kam nämlich der individuelle Tod in die Welt und – zwischen Geburt und Tod – die Umsetzung des arteigenen Programms über Jugend- und Erwachsenenform zur Altersform. Nicht unabhängig von der Umwelt geschieht Individuation, sondern in Auseinandersetzung mit ihr.

Während Individuation sich aber bei unbewussten Lebewesen sozusagen auf natürliche Weise vollzieht, wird sie beim Menschen häufig zu einem Problem. Dies gilt wenigstens für die geistig-intellektuelle und für die psychische. Jung hat die Individuation mit dem scheinbaren Lauf der Sonne am Himmel verglichen. In dieser Grundkurve unterscheiden sich allerdings die geistig-intellektuelle und die psychische Individuation. Die intellektuelle folgt im Prinzip der körperlichen. In der ersten Lebenshälfte strebt sie – wie die körperliche – nach Gewinn von Kraft, Festigkeit und Widerstandsfähigkeit. Ungefähr in der Lebensmitte erreicht sie ein Maximum, wonach sie mit fortschreitendem Alter wieder abnimmt.

Bei der psychischen Individuation hingegen geht es erstens nicht um etwas quantitativ Bestimmbares, sondern um etwas Qualitatives, am ehesten mit dem Heranreifen einer Frucht Vergleichbares. Zweitens sieht das arteigene Programm vor, dass sie in der Lebensmitte nicht einen Höhepunkt erreicht, sondern einen Wendepunkt und dass sie danach – sozusagen in einer anderen Richtung – bis zum Ende des Lebens kontinuierlich weiter schreitet.

In der ersten Lebenshälfte geht es bei psychischer Individuation darum, in die Welt hinauszutreten und ein starkes Ich zu entwickeln: ein Ich, das den „Unbilden der Welt" standzuhalten vermag. Nach der Lebensmitte verlangt das arteigene Programm, dass der Mensch sich aus der übermäßigen „Verstrickung in die Welt" löst – ohne dabei die erworbenen Fähigkeiten zu verlieren – und dass er die während des „Hinaustretens in die Welt" verdrängten und vernachlässigten Seiten nach entwickelt.

Beim Begleiten von Individuationsprozessen wird vor allem darauf geachtet, was für Impulse aus dem Unbewussten kommen. Bei diesem Vorgehen hat Jung folgenden Verlauf beobachtet. Zuerst wird das Ich dazu gedrängt, die Identifikation mit der „Persona" aufzulösen: das Sich-für-identisch-Halten mit dem „Gesicht", das man der Welt zeigt und das weitgehend durch den Beruf und die soziale Stellung bedingt ist. Danach ist der „Schatten" bewusst zu machen und zu integrieren: all die (meist negativen) Eigenschaften, die, wie gesagt, beim Hinaustreten in die Welt ins Unbewusste verdrängt wurden. Ist diese mühsame und oft schmerzhafte Aufgabe gelöst, wird der Analysand dazu gedrängt, die Beziehungsfunktion zu differenzieren: die Beziehung zum eigenen Ich (richtiges Selbstbewusstsein), die Beziehung zu den anderen Menschen (christlich: die Nächstenliebe) und schließlich die Beziehung zum Selbst. Letzteres erwies sich – bei der heutigen Dominanz des im Ich zentrierten positivistischen Selbstverständnisses – als die schwierigste Aufgabe. Indessen schafft deren Lösung erst die Voraussetzung zur Differenzierung der anderen beiden Beziehungsfunktionen. Sie wäre übrigens auch das Heilmittel gegen die „Krankheit" der westlichen Welt.

Im Rahmen seiner Beobachtungen über die Beziehungsfunktion schuf Jung auch sein Konzept von Anima und Animus: ein Konzept, das ich nach wie vor für erhellend halte. Da es aber in letzter Zeit – vor allem von Feministinnen – heftig kritisiert wurde, will ich hier nicht darauf eingehen. Deshalb habe ich im vorigen Abschnitt das Differenzierungsproblem auf etwas andere Weise formuliert als es unter Jungianern üblich ist.

Im Zusammenhang mit der Beziehung zwischen Ich und Selbst kam Jung übrigens zu seinem berühmten Ausspruch, im Verlauf eines Individuationsprozesses stelle sich früher oder später die religiöse Frage. Viele Theologen haben diesen Spruch schamlos ausgenützt und behauptet, Jung habe damit die Rückkehr in den Schoss der Religion gemeint. Jung hatte dabei aber nicht Religion im Auge, sondern Religiosität. Er wollte sagen, dass diese – als menschliche Haltung – zum arteigenen Programm menschlicher Individuation gehört. Ich werde gleich darauf zurückkommen.

Vorerst sei noch vermerkt, dass Jung das Programm der Individuation deshalb als arteigen auffasste, weil er festgestellt hatte, dass Individuationsprozesse – bei aller individuellen Variation – immer wieder dem gleichen Muster folgten. Weil zudem die aus dem Unbewussten kommenden Impulse bei ihm den Eindruck erweckten, als würde von dort her jemand Regie führen, bestärkte ihn dies, wie erwähnt, in seinem Konzept des Selbst.

Tiefenpsychologie – eine existenzielle Wissenschaft

Eine gute Beziehung zum Selbst ist dann erreicht, wenn der Mensch bereit ist, auf dessen „Botschaften" zu achten und diese in seine Entscheidungen einzubeziehen; dies sogar dann, wenn sie dem bewussten Intentionen widersprechen. Erfahrungsgemäß stellt sich jeweils im Nachhinein heraus, dass es so richtig war.

Die Haltung, aus der heraus ein Mensch sich so verhält, wurde in unserer sprachlichen Tradition als Religiosität bezeichnet. Der Ausdruck kommt vom lateinischen religere, d. h. beachten. Die Römer meinten damit eine Haltung, bei der der Mensch bereit ist, bei seinen Entscheidungen den Willen der Numina – der unsichtbaren Mächte – zu beachten. Da die Römer noch in der archaischen Weltsicht lebten, nahmen sie allerdings an, die Numina befinden sich außen. Seit dem zweiten Schritt der Bewusstseins-Mutation weiß man indessen, dass sie sich „in den Tiefen der Seele" befinden: als das, was Jung mit dem Ausdruck „Selbst" bezeichnet hat. Die Internalisierung der Vorstellung von der jenseitigen Welt und den jenseitigen Wesen war eben ein zentrales Ereignis im Zug des Bewusstseinswandels.

Obwohl ich den Ausdruck Religiosität zur Kennzeichnung dessen, worum es hier geht, für sehr geeignet erachte, werde ich im Folgenden stattdessen meistens den Ausdruck Spiritualität verwenden. Für viele Menschen hat nämlich heute das Wort Religiosität einen Beigeschmack. Es wird leicht mit Religion, Kirche, ev. Frömmelei assoziiert. Dass der heutigen Bewusstseinsebene Religiosität ohne Religion entspricht, setzt eben die Kenntnis der Mutation voraus und das ist heute noch kaum der Fall. Aus diesem Grund rede ich oft von Spiritualität, obwohl ich diesen Ausdruck zurzeit – wegen all der verschwommenen und abstrusen Vorstellungen der heute grassierenden „Esoterik“ – zur Bezeichnung dessen, worum es bei der religiösen Haltung geht, nicht unbedingt für passend halte.

Allerdings hat er sich in der Religionswissenschaft schon eingebürgert unter dem Begriff „Schulen der „Spiritualität“. Mit diesen stoßen wir auf etwas, das noch zur Besprechung der Tiefenpsychologie gehört. Bevor ich darauf eingehe, ist indessen noch eine begriffliche Unterscheidung einzuführen: die Unterscheidung zwischen objektivierender und existenzieller Einstellung. Bei objektivierender geht es darum, herauszufinden, wie die „Dinge dieser Welt“ strukturiert sind und funktionieren. Alles, was ich bisher über Tiefenpsychologie geschrieben habe, setzte diese Einstellung voraus. Die Praxis der Individuation – das Finden des richtigen Weges – erfordert jedoch eine Einstellung, die man als existenzielle bezeichnet. Während es bei objektivierender um das Wahre geht, geht es bei existenzieller um das Richtige. Beide Einstellungen gehören zum vollwertigen Menschsein, doch stehen sie zueinander in einem komplementären Verhältnis. Auf einmal kann man nur die eine oder andere einnehmen.

Die Eigenart einer jeden erfasst man am ehesten, wenn man die beiden soziokulturellen Gebilde betrachtet, die aus dem professionellen Bemühen um die beiden Haltungen hervorgegangen sind: die Wissenschaften und die Schulen der Spiritualität. Unter der Dominanz des ideologischen Positivismus und durch die rapide Expansion der Wissenschaften sind die Schulen der Spiritualität allerdings weitgehend abgestorben. Bei archaischer Weltsicht waren sie indessen hoch entwickelt, während es damals Wissenschaft im heutigen Sinn – vielleicht mit Ausnahme der gegen das Ende der archaischen Phase aufgetretenen Scholastik – noch nicht gab.

Theologen waren bei ihrer Arbeit objektivierend eingestellt, indem sie über das Sosein der jenseitigen Welt und der jenseitigen Wesen sowie deren Beziehung zum „Diesseits" reflektierten. In den Schulen der Spiritualität bemühte man sich indessen in allen Religionen darum, „Gott bzw. den Göttern gefällig" zu leben. Im Christentum geschah dies in den Mönchs- und Nonnenorden, im Islam in den Sufigemeinschaften, im Hinduismus in den Jogaschulen. Der Buddhismus war sogar am Anfang ausschließlich eine Schule der Spiritualität und wurde erst später zu einer Religion. Eine chinesische Schule der Spiritualität war der Daoismus.

Bei uns standen im Mittelalter Universitäten und geistliche Orden noch als gleichberechtigte Gebilde nebeneinander und ergänzten sich gegenseitig. Zwar kümmerte sich die Mehrheit der Ordensleute kaum um Gelehrsamkeit. Weil aber damals praktisch alle Lehrer der Theologie und Philosophie Ordensleute waren, hatten diese eine Schulung in existenzieller Haltung hinter sich und es kam oft vor, dass große Gelehrte gleichzeitig Meister der Spiritualität waren. Wie es da heute bei Professoren theologischer Fakultäten steht, möchte ich indessen nicht untersuchen.

Der fundamentale Unterschied zwischen Wissenschaften und Schulen der Spiritualität zeigt sich am deutlichsten, wenn man deren Ziel sowie deren Art des Lernens betrachtet. Ziel der Wissenschaft ist der Erwerb von Sachwissen. Ein Sachwissen, das einmal gewonnen und in den Traditionsspeicher gelegt ist, geht im Prinzip nicht mehr verloren. Jede Generation von Wissenschaftlern kann auf dem weiterbauen, was frühere Generationen erarbeitet haben. So wird das Wissen über Natur und Kultur fortschreitend vermehrt. Fortschritt sowie Glauben an den Fortschritt sind integrierende Elemente der Wissenschaft.

Einen Fortschritt in diesem Sinne gibt es in den Schulen der Spiritualität nicht. Ihr Ziel ist gerade nicht der Gewinn von Sachwissen, sondern von individueller Bewusstheit. Wohl formulierten spirituelle Neuerer bei veränderter Bewusstseinslage – im Zug der Differenzierung der materiellen wie geistigen Kultur – das Ziel mit anderen Worten, schlugen andere Lebensformen und andere Praktiken vor. Dies ändert aber nichts an der unerbittlichen Tatsache, dass innerhalb jeder Generation jeder einzelne Mensch bei seinem Bemühen um spirituelle Reifung von vorne anfangen, d. h. im Prinzip die gleichen Erfahrungen und die gleichen Fehler wie die Menschen früherer Generationen machen muss.

Lernen heißt bei der spirituellen Schulung gerade nicht Anhäufung von Sachwissen. Zu individueller Bewusstheit führen z. B. Aha-Erlebnisse des Einzelnen über desintegrierende Tendenzen in seiner Seele, über von ihm verdrängte Gefühle und Wünsche, aber auch über in ihm schlummernde Fähigkeiten und über den Sinn seines Lebens.

Der Lehrer ist hier eher ein Meister im Sinne einer Meisterschaft im geistlichen Leben: ein Mensch, der schon einen hohen Grad von Bewusstheit erlangt hat, der die „Wege Gottes" kennt und mit den „Anfechtungen des bösen Geistes" umzugehen weiß. Auch lehrt der spirituelle Meister zu einem großen Teil dadurch, dass er beispielhaft vorlebt, was er vom Schüler fordert.

Der „springende Punkt" der Bewusstwerdung bei spiritueller Schulung ist jedoch die Einsicht, dass die Erreichung des Zieles nicht vom bewussten Wollen abhängt, sondern vor allem von der „Gnade" einer dem Ich überlegenen Macht, die es im Grunde genommen gut mit ihm meint. Im Kern heißt Lernen bei spiritueller Schulung somit, sich eine Haltung anzugewöhnen, die ich oben als religiöse beschrieben habe. Ob diese sich dann einstellt, liegt – wie eben beschrieben – im Belieben des Selbst. Bei Individuationsprozessen wie in den Schulen der Spiritualität geht es einzig und allein um existenzielle Einstellung. Aus diesem Grund kann die Tiefenpsychologie – im Unterschied zu allen positivistischen Wissenschaften – als existenzielle Wissenschaft bezeichnet werden.

Konsequenzen für die archaische und positivistische Weltsicht

Nun können wir zur Überlegung schreiten, inwiefern durch die Entdeckung des Unbewussten das Dilemma zwischen Wissen und Glauben überstiegen worden ist.

Die Relativierung

Wie schon gesagt, wurden beide der überlieferten Arten des Selbst- und Weltverstehens, die sich bisher für absolut gehalten hatten, relativiert. Das heißt: beide mussten „Federn lassen". Allerdings bedeutete Relativierung für die archaische und die positivistisch-materialistische Weltsicht nicht das gleiche. Die positivistische wurde erweitert, die archaische hingegen umgekrempelt. Dabei wurde das, was sich der archaische Mensch als Übernatur vorgestellt hatte, zu Natur.

Das Dogma des ideologischen Positivmus lautete, wie gesagt: „Was mit den Sinnen nicht wahrnehmbar ist, existiert nicht." Ich habe schon darauf hingewiesen, dass die Enge dieses Dogmas – zumindest de facto – gesprengt wurde, als Freud die innere Wahrnehmung nachwies. Damit war der Nachweis erbracht, dass Information über die objektive Wirklichkeit, welche nicht über die Sinnesorgane fließt, ins Bewusstsein gelangt. Von objektiver Wirklichkeit kann man in diesem Fall deshalb reden, weil das Unbewusste per definitionem dem Nicht-Ich zuzuordnen ist.

Der Begriff „das objektiv Psychische“ ist denn auch ein Grundbegriff der Tiefenpsychologie.

Obwohl Positivisten in der Regel größte Mühe haben, diese Tatsache zu akzeptieren, ist doch darauf hinzuweisen, dass die Sprengung ihres Dogmas für sie keinen Verlust bedeutet, sondern – im Gegenteil – einen Gewinn. Dadurch wurde nämlich der Forschung ein Bereich eröffnet, der ihr bis dahin – wegen der Enge ihres Empiriebegriffs – verschlossen war. Folgen hat dies allerdings nicht für die traditionellen Naturwissenschaften wie Physik, Chemie usw. Deren Forscher müssen sich weiterhin an den methodischen Positivismus halten. Folgen hatte die Erweiterung des Empiriebegriffs indessen für die Humanwissenschaft. Für diesen Wissenschaftsverbund wurde die Tiefenpsychologie sogar zur Basaldisziplin, so wie es früher die Physik für die Naturwissenschaften gewesen ist.

Die archaische Weltsicht ist – ebenfalls nur de facto – relativiert worden, als Jung den Nachweis erbrachte, dass bei der Vision der spontane Eindruck trügt: dass der Visionär nicht ein außen sich abspielendes Geschehen schaut, sondern dass es sich bei den geschauten Bildern um Veranschaulichungen psychischer Sachverhalte handelt, die ihm von seinem Unbewussten her zufließen. Folgenschwer war dieser Nachweis deshalb, weil die Religionswissenschaft das Glaubensgut aller Religionen – so weit die Quellenlage dies zulässt – auf Berichte von Visionären zurückführen kann. Allgemein bekannt ist dies für das Judentum und den Islam. Weniger bekannt ist hingegen, dass auch das zentrale Mythologem des Christentums – der Auferstehungsglaube – sich auf Visionen zurückführen lässt: auf die sog. Ostervisionen, insbesondere die des Petrus.

Dies geschah alles zu einer Zeit, in der das Trügerische des spontanen Eindrucks, den eine Vision hervorruft, noch nicht durchschaut werden konnte. Da nun das visionäre Geschehen den meisten Menschen von heute kaum bekannt ist, muss ich hier kurz darauf eingehen.

Die Vision

Visionen sind nicht zu verwechseln mit Halluzinationen, dem Leitsymptom der Schizophrenie. Sie sind etwas ebenso Normales wie Träume. Allerdings treten sie viel seltener auf, in der Regel nur dann, wenn es um etwas ganz Entscheidendes in der psychischen Entwicklung geht. Deshalb ist auch ihr Erlebnisgehalt außerordentlich intensiv. Durch eine einzige Vision kann das Leben eines Menschen in eine völlig neue Bahn gelenkt werden. Nach Erfahrung bei Analysen treten Visionen meistens dann auf, wenn das Unbewusste auf eine Änderung der bewussten Einstellung tendiert, der Analysand hingegen nicht auf seine Korrekturträume achtet.

Heute scheuen sich Menschen im Allgemeinen, von ihren Visionen zu reden, da sie befürchten, für verrückt erklärt zu werden. Dies, weil die Psychiatrie immer noch positivistisch ist. In der analytischen Praxis begegnet man indessen immer wieder Visionären und kann sie genau explorieren. Ich bekam in den letzten dreißig Jahren immerhin dreizehn zu Gesicht. Das hat wahrscheinlich damit zu tun, dass ich mich während Jahren intensiv mit dem visionären Geschehen befasst habe und sich das wohl herumgesprochen hat.

Die Vision ist zwar ein zentrales Forschungsobjekt der Tiefenpsychologie, doch wird sie dort vor allem hermeneutisch behandelt, indem man den Sinngehalt der darin geschauten Bilder zu verstehen sucht. Hier aber geht es um die Vision als Prozess: um deren „Physiologie“.

Da ist als Erstes festzuhalten, dass Visionen sich dem Menschen aufdrängen. Er kann sie nicht unterdrücken. Der Visionär gleitet dabei aus dem Wachsein in den so genannten außergewöhnlichen Bewusstseinszustand hinüber, in einen Zustand, der oft als Entrücktsein, Ekstase oder Trance bezeichnet wurde. In diesem Zustand ist der Mensch unansprechbar und unempfindlich gegen Schmerzen. Oft verfällt er sogar ins Koma. Wenn er daraus erwacht, behauptet er erstaunlicherweise, er sei während der ganzen Zeit wach gewesen, wacher sogar als sonst. Das für unser Problem Entscheidende ist nun, dass er erzählt, das von ihm Geschaute habe sich außen abgespielt. Es sei sogar realer gewesen als alles, was er sonst erlebt habe.

Phänomenologisch lassen sich zwei Typen von Vision unterscheiden. In den meisten Fällen spielt sich das visionäre Geschehen in einem beschränkten Bereich des Gesichtsfeldes ab, sodass die Umgebung – wenn auch nur „am Rande" – noch wahrgenommen werden kann. Dieser Typus wurde bei archaischer Weltsicht als Erscheinung bezeichnet, weil man damals glaubte, ein jenseitiges Wesen habe sich einem Menschen gezeigt. Befindet sich der Visionär hingegen – von außen gesehen – im komatösen Zustand, hat er den Eindruck, er werde weggetragen: entweder an einen andern Ort auf der Erde oder in die jenseitige Welt. In diesem Fall sprach man von Entraffung oder Entrückung. Oft kann ein Visionär dann auch – beim „Abflug" oder bei der „Rückkehr" –auf seinen „zurückgebliebenen" Leib herabschauen.

Zur Veranschaulichung dessen, was das Selbst dem Ich in einer Vision mitteilen will, wählt es – wie bei den Träumen – jene Bilder, die dem Visionär von seiner Sozialisation her bekannt sind. Darauf beruht die Tatsache, dass ein christlicher Visionär Christus, die Gottesmutter Maria, Engel und Teufel sowie kanonisierte Heilige schaut, dass aber ein Indianer aus dem Stamme der Oglala-Sioux berichtet, ihm seien über den Wolken „heilige Pferde" in den Farben und mit den Insignien der vier „heiligen" Richtungen begegnet. Auch habe er dort ein aus Wolken gebautes Tipi gefunden, in dem die sechs großen Gottheiten seiner Religion saßen, welche ihm dann – zur Bestätigung des Auftrags den sie ihm gaben – einen Bogen überreichten sowie eine „heilige“ Pfeife, von der eine Adlerfeder herabhing.

Auf dieser unterschiedlichen Bilderwahl durch das Selbst beruht die an sich erstaunliche Tatsache – über die allerdings kaum je gestaunt wird – dass es „jenseits dieser Erde“ so verschiedene himmlische Welten und so verschiedene jenseitige Populationen „gab“ und heute noch „gibt“.

Die Entdeckung Jungs, dass Visionen Gestaltungen des Unbewussten sind, hatte zweierlei Konsequenzen. Die erste – im Rahmen der Bewusstseins-Mutation folgenschwerste – war die Überwindung von Religion. Wenn das, was man sich bislang als jenseitige Wesen vorgestellt hatte, Veranschaulichungen psychischer Mächte sind, hat Religion als soziokulturelles Gebilde mit archaisch verstandenen Riten keinen Sinn mehr. Dann geht es nur noch um Religiosität. Den Theologien wurde dabei ihr erkenntnistheoretisches Fundament – die archaische Offenbarungsvorstellung – entzogen. Zerbröselt ist auch das Fundament, auf dem die katholische (Kleriker-) Kirche ruht: der Glaube, durch den Ritus der Priesterweihe werde in einem Menschen Wirkmacht erzeugt, sodass er fortan die sakramentalen Riten wirksam vollziehen und damit den Laien den Zugang zum Himmelreich eröffnen könne.

Allerdings hat Jung diese Konsequenzen aus seiner Entdeckung nie in vollem Ausmaß zu ziehen vermocht. In den „tieferen Schichten seiner Seele“ ist er der archaischen Weltsicht verhaftet geblieben. Im hohen Alter war er dies sogar noch mehr als in jüngeren Jahren. Es bewahrheitete sich auch bei ihm die Erfahrung, dass große Entdecker kaum je die Konsequenzen, die sich aus ihren Entdeckungen ergeben, in vollem Ausmaß erkennen können.

Die Projektion

Eine weitere Konsequenz der Einsichten Jungs über die Vision war die, dass man jetzt verstehen kann, wie einst die archaische Weltsicht zustande gekommen ist. Hierzu müssen wir die Tatsache ins Auge fassen, dass der Visionär überzeugt ist, er habe ein äußeres Geschehen geschaut, obwohl ihm die Bilder aus seinem Innern zugeflossen sind. In der Tiefenpsychologie bezeichnet man diesen Sachverhalt als Projektion. In der Fachsprache sagt man, das in Visionen und großen Träumen Geschaute sei in der Projektion perzipiert (wahrgenommen) und deshalb konkretistisch – als etwas Konkretes, zu selbstständiger Existenz Fähiges – apperzipiert (zu einer Weltsicht angeordnet bzw. in eine bestehende Weltsicht eingeordnet) worden.

Der Ausdruck „Projektion" ist allerdings irreführend. Er wurde von Freud kreiert in Analogie zu jenen technischen Geräten, mit denen Dias und Filme auf eine Leinwand projiziert werden. Bei dieser technischen Projektion befindet sich das projizierte Bild tatsächlich außen. Der Visionär hat allerdings nur den Eindruck, er sehe ein Geschehen, das sich außen abspielt. Indessen handelt es sich um einen innerpsychischen Vorgang, der eher mit einer optischen Täuschung zu vergleichen ist.

In Abb. 6 (S. 94)habe ich versucht, den spontanen Eindruck, den ein Visionär hat, darzustellen. Sie darf indessen nicht als eine Darstellung der Physiologie der Projektion missverstanden werden. Jener Bewusstseinszustand, in dem sich Visionen ereignen, wird ja nicht nur wegen der Projektion als außergewöhnlicher vom Schlaf und vom Wachsein unterschieden. Auf jeden Fall setzen „große" Projektionen ihn voraus. Wie dieses innerseelische Geschehen sich physiologisch abspielt, kann jedoch niemand sagen. Das ist aber nicht tragisch zu nehmen, kann doch kein Neurophysiologe erklären, wie es dazu kommt, dass wir Helligkeit sehen, obwohl es im Sehzentrum des Gehirns dunkel ist.

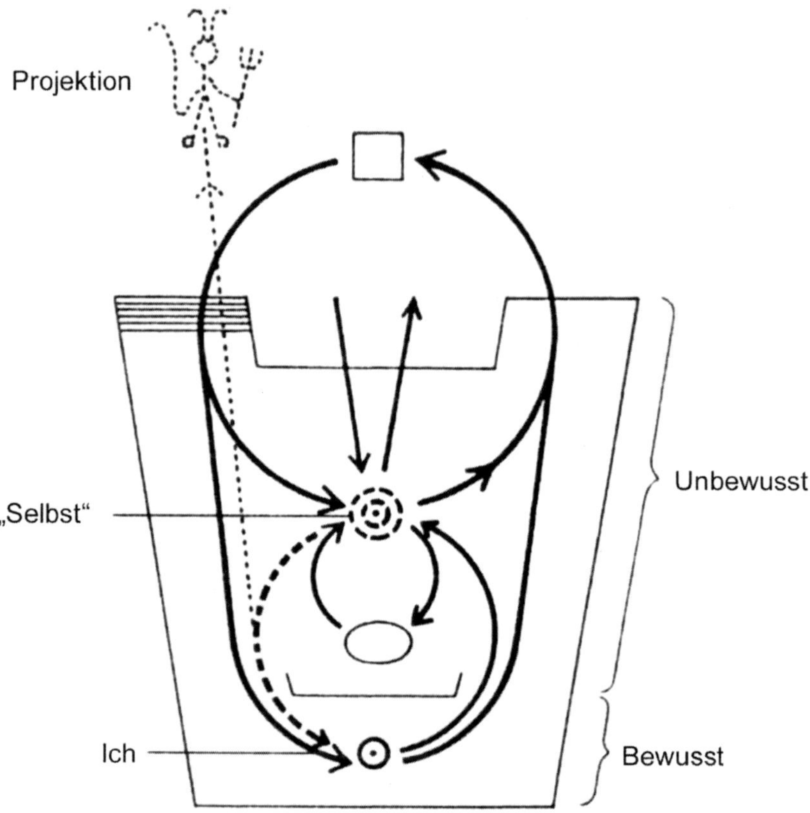

Abb. 6: Die Projektion (vgl. Abb. 5, S. 75)

Entdeckt wurde die Projektion von Freud, allerdings nur in ihrer alltäglichen bzw. schwachen Form. So stellte er fest, dass z. B. Menschen mit einem (unbewussten) Machtkomplex oft überzeugt sind, sie seien frei von Machtstreben, dafür aber in ihrer Umgebung überall machthungrige Menschen entdecken. Freud sagte, dass sie ihr verdrängtes Machstreben auf andere Menschen projizieren. Allerdings wird Verdrängtes in der Regel nur auf solche Menschen projiziert, die ein „Häkchen“ haben, an dem die Projektion „aufgehängt“ werden kann.

Die „große“ bzw. massive Projektion hat dann Jung erkannt im Rahmen seiner Erkenntnisse über die Vision. Nun ist aber zu beachten, dass das bei der alltäglichen und bei der großen Projektion Wahrgenommene unterschiedlichen „Schichten“ des Unbewussten entstammt. Die oben erwähnten Projektionen eigener negativer Eigenschaften entstammen dem „freudschen“ Unbewussten, das Jung als persönliches bezeichnet hat, jener unter der Bewusstseinsschwelle befindlichen „Schicht“, in der sich Verdrängtes zu gefühlsgeladenen Komplexen zusammenballt, zu Komplexen, welche auf das Ich störend wirken und die durch analytische Therapie „entschärft“ werden können.

Bei den „großen“ Projektionen handelt es sich hingegen um Material aus „tiefen Schichten“, um das, was seinerzeit von Freud als „archaische Reste“ und von Jung als archetypische Inhalte des „kollektives Unbewusstes“ bezeichnet wurde. Es handelt sich also um Gestalten und Geschehensabläufe, die vom Selbst aus sinnlich Erfahrenem komponiert werden und die in der Außenwelt nicht vorkommen. Außerdem ist es „fruchtbares“ Material, das den Menschen Sinn vermittelt und zudem die Evolution des Bewusstseins fördert. Die Kenntnis dieser „großen“ Projektion erschließt uns nun das Verständnis dafür, wie einst die archaische Weltsicht mit ihren „übernatürlichen“ – normalerweise unsichtbaren – Welten und Wesen zustande gekommen ist. Was Visionäre von ihren Schauungen berichteten, galt eben auf jener niedrigen Evolutionsstufe des Bewusstseins, auf der auch Träume, ja sogar Wachfantasien noch konkretistisch verstanden wurden, als physisch wahr. Visionäre galten damals als Autoritäten in übernatürlichen Dingen: als Verkünder göttlicher Wahrheiten. Dies zeigt die Religionsgeschichte noch und noch.

Durch die Entdeckung Jungs, dass bei der Vision der spontane Eindruck trügt, wurde aber nicht nur das Zustandekommen der archaischen Weltsicht verständlich. Diese wurde gleichzeitig überwunden. Die „übernatürliche“ Welt wurde auf den Boden der Natur heruntergeholt und dabei entkonkretisiert. Dadurch ist eine kategorial neue Sicht der Welt erschlossen worden: eine Weltsicht, bei der die Evolution des Bewusstseins wieder voranschreiten kann. In Form eines Schlagworts kann man sagen, durch die Entdeckung der Projektion sei die jenseitige Welt des archaischen Menschen in die Psyche „hineingeklappt" worden. Überwunden wurden dabei auch die archaischen Verhaltensmuster Magie und Ritus. Nicht überwunden ist allerdings das Verhaltensmuster „Gebet". Ich werde darauf zurückkommen.

Entkonkretisiert wurden jedoch nicht nur die jenseitigen Welten und Wesen. Als Ergebnis der Bewusstseins-Evolution bei archaischer Weltsicht habe ich die konkretistische Auffassung des objektiv Geistigen festgehalten. Zustande gekommen war diese, wie gesagt dadurch, dass man sich die jenseitigen Wesen immer weniger materiell vorstellte. Es dürfte nun leicht einzusehen sein, das dieser metaphysische Konkretismus deshalb zustande kam, weil man damals das Trügerische des spontanen Eindrucks, den Visionen hervorriefen, noch nicht durchschauen konnte. Die konkretistische Auffassung des objektiv Geistigen ist also – fast 500 Jahre nachdem sie die Evolution der Bewusstseinsspitze zum Stillstand zu bringen drohte – durch die Entdeckung der Projektion überwunden worden.

Nun ist aber nicht das gesamte „Jenseits" in die Psyche „hineingeklappt" worden. Ein großer Teil des objektiv Geistigen blieb außen. Es wurde zwar ebenfalls aus der Übernatur heruntergeholt, doch wurde es nicht der Psyche, sondern der Natur – der unbelebten wie der belebten, einschließlich des menschlichen Körpers – einverleibt. Wie das zu verstehen ist, ergibt sich, wenn wir betrachten, wie das Dilemma zwischen Wissen und Glauben auf dem naturwissenschaftlichen Forschungszweig überstiegen worden ist. Bevor ich darauf eingehe, müssen wir noch die Gottesvorstellungen genauer ins Auge fassen.

Konsequenzen für die Gottesvorstellung

Religionswissenschaftlich ist zu unterscheiden zwischen Weltenschöpfern und menschennahen Gottheiten. Auf primitiver Stufe waren zwar alle bedeutenden Götter beides zugleich. Fassbar wird das Auseinanderdriften der beiden Vorstellungen zurzeit des Alten Reiches Ägyptens: in der sog. Schabaka-Inschrift der Theologie von Memphis. In jener frühen Phase des Alten Reiches (nach 3000 v. Ch.) war das „Hochschieben des Himmels" so weit vorangetrieben worden, dass nun der Weltenschöpfer – Ptah, der sehr Große – als transzendent bezeichnet wurde. Da stellte sich den Theologen das Problem, wie wohl dieser „alles Begreifen übersteigende" Gott noch die Gebete der Menschen hören und den Rauch ihrer Opfergaben riechen könne.

Gelöst wurde es durch das Paradox des wesensgleichen Sohnes, eines göttlichen Sohnes, der dem Vater zwar wesensgleich ist, der aber gleichzeitig den Menschen nahe steht. Die Ägypter „erkannten" daraufhin den „Sohn" in der Sonne (als Sonnenwesen). Mehr als zwei Jahrtausende später ist dieses Vater-Sohn-Theologem dann in die trinitarische Gottesvorstellung des Christentums eingegangen. Wegen des Anspruchs des Christentums auf Monotheismus sind in ihm zwar Vater und Sohn zu einer Einheit verschmolzen. Für die hier nötigen Überlegungen müssen wir sie aber auseinander halten. Religionswissenschaftlich sind nämlich die beiden Gottesvorstellungen unterschiedlichen Mythenkategorien zuzuordnen: die des Weltenschöpfers den erklärenden Mythen, die des menschennahen Gottes den religiösen. Dies deshalb, weil sie eine unterschiedliche Genese haben.

Die Figur des Weltenschöpfers – integrierende Figur all der ungezählten Schöpfungsmythen, die Ethnografen zusammengetragen haben – ergab sich aus der Reflexion über die Frage, wie die Welt entstanden sei. Da bis in die Neuzeit die kognitiven

Mittel zu einer empirisch-wissenschaftlich fundierten Beantwortung dieser Frage fehlten, ergossen sich – wie bei allen naturerklärenden Mythen – Fantasien in das Wissensvakuum hinein.

Die Figur des menschennahen Gottes hingegen – das konstituierende Element religiöser Mythen – entsprang nicht der Reflexion, sondern dem Erleben: der unmittelbaren (inneren) Erfahrung einer dem Ich überlegenen, dieses erleuchtenden aber bei Fehlverhalten auch strafenden „Macht". Dass diese innerlich wahrgenommene Gestalt konkretistisch – als jenseitiges Wesen – apperzipiert wurde, beruhte, wie gesagt, auf der Nichtdurchschaubarkeit des Projektionsvorgangs.

Es sei hier ausdrücklich festgehalten, dass der Betriff „Gott" in der neuen Weltsicht nicht mehr vorkommt. Ebenso wie die Begriffspaare „Theismus-Atheismus", „Transzendenz-Immanenz" und „Übernatur-Natur" ist er durch das Übersteigen des „Dilemmas" obsolet geworden. Um zu verstehen, wie dies gemeint ist, müssen wir allerdings jetzt die neue Auffassung des objektiv Geistigen betrachten. Durch sie erst entstand nämlich – neben dem neuen Menschenbild – auch das neue, gottfreie Weltbild.

Neue Vorstellung des objektiv Geistigen führt zu neuem Weltbild

Der Klarheit halber sei wiederholt: unter dem objektiv Geistigen wird jenes Geistige verstanden, das schon da war, bevor Bewusstsein – das subjektiv Geistige – in die Existenz trat. Das wurde schon im archaischen Weltbild so verstanden. Die Götter „waren" immer schon da, bevor der Mensch in die Welt kam.

Geschaffen wurde der Durchbruch zur neuen Sicht des objektiv Geistigen, wie schon gesagt, durch die Naturwissenschaften. In diesen hatte das, was Philosophen materialistische Weltsicht nennen, kurz nach 1900 Gestalt angenommen als

Energie-Paradigma. Nachdem nämlich Einstein die Äquivalenz von Masse und Energie nachgewiesen hatte, glaubte man den gesamten Naturprozess – einschließlich des als Epiphänomen betrachteten menschlichen Geistes – auf energetische Vorgänge im Sinne der Physik zurückführen zu können.

Dieser ontologische Reduktionismus – und mit ihm der wissenschaftlich begründete Materialismus – wurde dann im Verlauf des zwanzigsten Jahrhunderts dadurch überwunden, dass am Naturgeschehen immer mehr Sachverhalte entdeckt wurden, die mit dem Energiebegriff der Physik, welcher Quantifizierbarkeit sowie „Fall in die Senke" impliziert, nicht fassbar sind.

Begonnen hatte es schon mit dem Nachweis der Struktur des Atoms. Wolfgang Pauli, der große Pionier der Quantenphysik, wies nämlich darauf hin, dass das Atom nur verstanden werden kann, wenn man es als Ganzheit betrachtet, dass aber Ganzheit – das Mehrsein als die Summe der Teile – mit dem Energiebegriff der Physik nicht erfasst werden kann. In den folgenden Jahrzehnten wurde noch eine Vielzahl derartiger – mit dem Energiebegriff nicht fassbarer – Begriffe in die Naturwissenschaft eingeführt: Komplexität, Selbstregulation, System, Autopoiese und Spontaneität, Selbstorganisation der Materie, Information, Kognition, Kommunikation, Verhalten usw. Für all diese empirisch fundierten Sachverhalte musste ein neuer Oberbegriff gefunden werden. Aus unserer sprachlichen Tradition bot sich dafür – als „Schwesterbegriff" zu „Materie" – der Ausdruck „Geist" an.

Seit den 70er Jahren äußerten denn auch immer mehr Spitzenvertreter der Naturwissenschaft die Meinung, der Materialismus sei überwunden und es sei an der Zeit, den Begriff des Geistigen wieder einzuführen. Dabei war klar, dass dieser mit dem heutigen Wissen über die Natur kompatibel sein musste.

Bei den Diskussionen zu diesem Thema in unserem Arbeitskreis wies ich darauf hin, dass wir beim Erfassen der objektiven Wirklichkeit – aufgrund der Funktionsweise des Bewusstseins – das ins Auge Gefasste zwar in Begriffspaare zerlegen müssen, dass jedoch bei den „obersten“ Paaren der Begriffshierarchie (Materie-Geist, Leib-Seele) der seinerzeit von Niels Bohr eingeführte – außerhalb der Physik lange Zeit kaum beachtete – Begriff der Komplementarität anzuwenden ist. Ich sagte auch, dies bedeute, dass jetzt nicht mehr zwischen der Materie und dem Geist zu unterscheiden sei, sondern nur noch zwischen einem materiellen und einem geistigen Aspekt der an sich einheitlichen raumzeitlichen Gebilde. Damit war das „Ziel“ der Bewusstseins-Mutation – die Überwindung des Konkretismus der Geist-Vorstellung – nahezu erreicht.

Noch aber war nicht klar, wie man am heutigen Wissen über die Natur diese beiden Aspekte auseinander halten konnte. Als dann Erwin Nickel, der Mineraloge der Universität Fribourg, so nebenbei sagte, Materie werde heute als geordnete Energie definiert, fiel mir die Lösung ein. Diese Definition enthält ja zwei Aussagen: Zum einen, dass Materie aus Energie besteht, zum andern, dass dabei Energie angeordnet ist. Man musste somit an jedes raumzeitliche Gebilde – vom Atom bis hinauf zum Menschen – zwei Fragen stellen: „Was ist darin angeordnet?“ und „Wie ist dieses Was angeordnet?“ Fragte man nach dem Was, ergab sich mit der Antwort „Energie“ der materielle Aspekt; fragte man hingegen, wie die Energie angeordnet sei, ergab sich – da Angeordnetsein mit dem Energiebegriff der Physik nicht fassbar ist – der geistige Aspekt.

Verfolgt man nun, wie das Angeordnetsein im Verlauf der Evolution immer komplexer wurde, entfaltet sich ein immer facettenreicherer Begriff des objektiv Geistigen bzw. des Geist-Aspekts der Natur. Um diesen so differenziert wie möglich zu erfassen, ist dabei die durch Einstein eingeführte Unterscheidung zwischen kompakter (zu Atomen kondensierter) und freier Energie (den „alten“ Kräften der Physik) zu berücksichtigen. In jedem dieser beiden Zustände wurde ja die Energie im Verlauf der Evolution auf immer komplexere Weise angeordnet: im kompakten Zustand durch räumliche Anordnung zu morphologischen Strukturen, im freien durch zeitliche Anordnung (Lenkung) zu Prozessen. An beidem – an morphologischen Strukturen wie an Prozessen – kann somit zwischen materiellem und geistigem Aspekt unterschieden werden.

Bei diesem Vorgehen erscheint auch die bisher materialistisch erklärte Evolution in einem neuen Licht. Auch die in diesem Prozess zum Ausdruck kommende Dynamik, welche zu immer komplexeren Anordnungen geführt hat, kann nämlich mit dem Energiebegriff der Physik nicht erklärt werden. Während es die natürliche Eigenschaft der Energie ist, in die Senke zu fallen, dabei Formen zu zerstören und die Entropie des Universums zu vermehren, tritt bei Betrachtung der Evolution eine Dynamik ins Blickfeld, welche „in die entgegengesetzte Richtung“ läuft: welche nicht Formen zerstört, sondern – im Gegenteil – immer komplexere Formen schafft.

Da sie mit dem Energiebegriff der Physik nicht erfasst werden kann, ist auch sie dem Geist-Aspekt zuzuordnen. In ihr manifestiert sich sogar eine ganz besondere Facette des objektiv Geistigen: Kreativität im eigentlichen Sinn des Wortes. Mit dem Blick auf diese naturhafte Kreativität wird – auf der heutigen Bewusstseinsebene – das erfasst, was bei archaischer Weltsicht zur Vorstellung eines übernatürlichen Weltenschöpfers geführt hat.

Ausdruck dieser Kreativität sind auch die bei jedem Evolutionsschritt auftretenden Fulgurationen: das In-die-Existenz-Treten völlig neuer Eigenschaften und Fähigkeiten beim Schritt zu einem komplexeren System. Die für die Frage nach der zeitgemäßen Auffassung von Religiosität bedeutsamste Fulguration ereignete sich beim Evolutionsschritt zum Lebendigen. Es war das In-die-Existenz-Treten dessen, was man – nach Adolf Portmann – als Innerlichkeit bezeichnet, die Fähigkeit zu Erkenntnis, zu angeborenem Wissen, zu Informationsverarbeitung und -bewertung usw.

Verfolgen wir nämlich die fortschreitende Komplexitätszunahme der (unbewussten) kognitiven Systeme im Verlauf der Bio-Evolution, können wir erkennen, wie das, was man das menschliche Unbewusste nennt, zustande gekommen ist: dass mit dem Begriff „das menschliche Unbewusste" die komplexeste Ausformung jener Facette des objektiv Geistigen erfasst wird, die man als Innerlichkeit bezeichne und die man bei Betrachtung der Bio-Evolution neben der oben erwähnten morphologischen und funktionellen Facette noch beachten muss (ausführlich dargestellt habe ich all das in meinem Buch „Die Natur – Quelle von Ethik und Sinn").

Auf diese Weise fügt sich der Begriff des Unbewussten, der in der Pionierzeit der Tiefenpsychologie außerhalb wissenschaftlicher Naturerkenntnis zu liegen schien, nahtlos ins heutige Bild der Natur ein. Dann fügen sich vor unseren Augen auch das neue Menschenbild mit seinem Begriffspaar von Ich und Selbst sowie das neue Weltbild mit seinem Begriffspaar von materiellem und geistigem Aspekt der Natur zusammen zu einem neuen – vom archaischen wie vom positivistischen kategorial verschiedenen – Selbst- und Weltverständnis.

Damit erscheint auch das menschliche Selbst nicht mehr – wie immer wieder behauptet wird – als in sich abgeschlossene Monade. Zum einen ist es – unter dem Blickwinkel der Bio-Evolution betrachtet – die komplexeste Ausformung einer Struktur, die schon für einfachste Lebewesen angenommen werden muss. Es steht somit über die Genom-Linie in einer Folge mit allen niedrigeren „Selbsten".

Zum andern ist zu beachten, dass – zumindest auf der Ebene des Menschen – eine direkte Kommunikation von Unbewusstem zu Unbewusstem bzw. von Selbst zu Selbst stattfindet. Es geht dabei um jenen Informationsfluss, mit dem sich die Parapsychologie befasst. Subsumiert man dieses Faktum unter das, was man als Co-Evolution des Lebendigen bezeichnet, sieht man das Selbst jedes Menschen eingebettet in jenen gewaltigen Strom, den man kreative Facette des objektiv Geistigen nennt.

Nun können wir wohl besser verstehen, was gemeint war, als ich sagte, in der neuen Weltsicht komme der Ausdruck „Gott" nicht mehr vor. Die Mutation des Bewusstseins kann eben mit jenen großen Schritten der Bio-Evolution verglichen werden, bei denen jeweils ein neuer Bauplan zustande kam, z. B. mit dem Schritt von den Amphibien zu den Reptilien oder von den Reptilien zu den Säugern.

Während aber bei jenen Schritten ein neuer morphologisch-physiologischer Bauplan entstand, ergab sich durch die Mutation des Bewusstseins ein neuer kognitiver Bauplan, ein grundlegend neues Selbst- und Weltverständnis. Grundlegend neu ist es, weil durch die Drehung der Apperzeption des innerlich Wahrgenommenen um 180 Grad Vorverbindungen des Denkens verändert worden sind und weil seither – wie nach der Umstellung einer Weiche – das Denken über innerlich Wahrgenommenes in eine neue Bahn gelenkt wird.

War das konstituierende Begriffspaar der archaischen Weltsicht das von Mensch und Gott, ist konstituierend für die neue Weltsicht das Begriffspaar von subjektiv und objektiv Geistigem, wobei das Geistige, wie gesagt, als der zum materiellen komplementäre Aspekt der Natur verstanden wird. Der Ausdruck „subjektiv Geistiges" (Bewusstsein bzw. Ich) entspricht in der neuen Weltsicht dem, was man bei archaischer Weltsicht Mensch nannte. Der Ausdruck „objektiv Geistiges" entspricht dem, was man damals als Gott bezeichnet hat. Er impliziert beide früheren Gottesvorstellungen.

Versteht man unter dem objektiv Geistigen jene kreative Potenz, welche die gesamte Evolution bewirkt hat, entspricht das dem archaischen Ausdruck „Schöpfergott“. Fasst man jedoch nur das Ergebnis der Evolution der Innerlichkeit auf dem zum Menschen führenden Zweig ins Auge – das vom Ich über die innere Wahrnehmung direkt erfahrbare Selbst – entspricht das dem, was man bei archaischer Weltsicht menschennahen Gott (christlich: Sohn des allmächtigen Vaters) nannte.

Der Wandel des Menschenbildes

Nun können wir auch den Wandel des Menschenbildes, von dem ich schon oft gesprochen habe, klarer sehen (vgl. Abb. 7). Bei archaischer Weltsicht fühlte sich der Mensch im christlichen Bereich „unter den Augen Gottes wandelnd“. In jeder Hinsicht fühlte er sich abhängig vom „Walten der göttlichen Gnade“. Auch wusste er, dass sein Geist beschränkt war und der Erleuchtung durch den göttlichen Geist bedurfte. Ferner, dass er – zumindest nach dem Tode – Gott Rechenschaft für sein Tun ablegen musste.

Im positivistisch-materialistischen Selbstverständnis wurde hingegen angenommen, das einzige Geistige in der Welt sei die menschliche Vernunft: das, was wir heute Bewusstsein nennen. In ihr glaubte man ein so großes Licht zu besitzen, dass man damit die hintersten Winkel der Wirklichkeit ausleuchten könne und auch zu erkennen vermöge, welche Taten gut und welche böse sind. Wozu die aus diesem Selbstverständnis resultierende subjektivistische Ethik geführt hat, haben wir gesehen.

Seit der Entdeckung des Selbst sowie der Projektion und der daraus resultierenden Internalisierung dessen, was der archaische Mensch als menschennahen Gott auffasste, hat man erkannt,

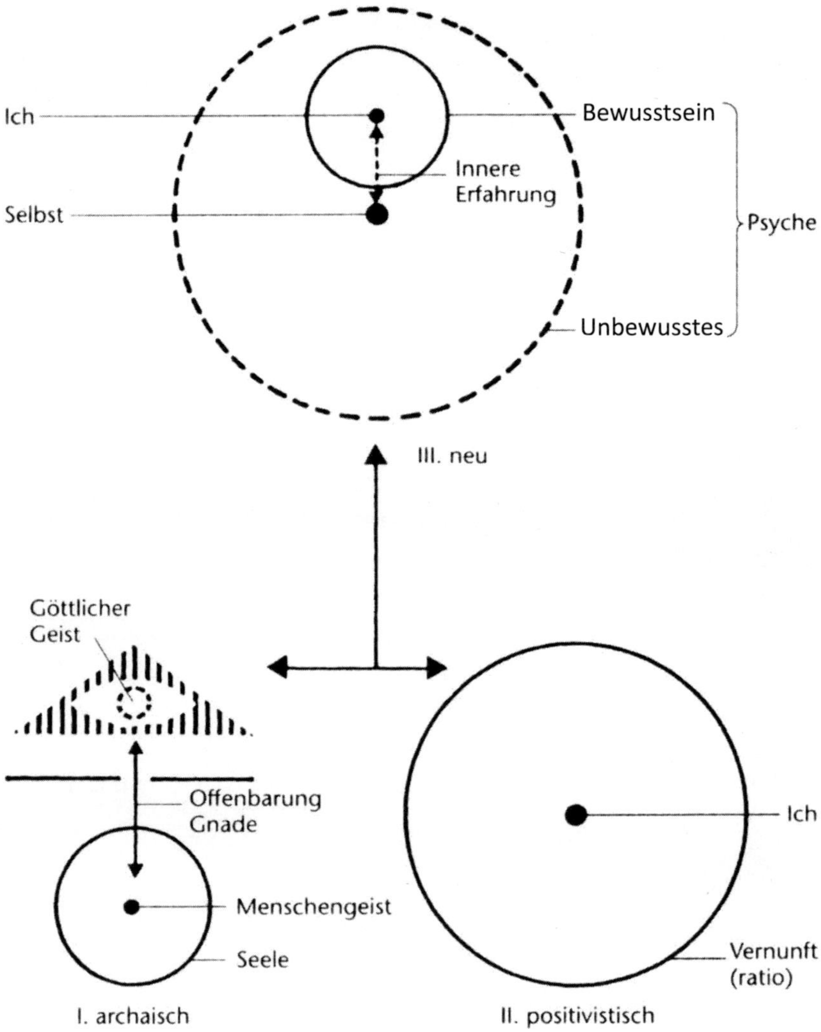

Abb. 7: Der Wandel des Menschenbildes

dass die Quelle ethischer Normen in der menschlichen Psyche liegt. Damit war das Ich wiederum ans Selbst „rückgekoppelt". Bei diesem zweiten Schritt der Mutation ist die Ethik wiederum objektiv – im objektiv Psychischen – begründet worden.

Dadurch wurde es möglich, die längst fällige Adaptation der Ethik an die unterdessen erreichte Evolutionsstufe des Bewusstseins zu adaptieren. Wie dies geschehen kann, soll später beschrieben werden.

Gegenläufiger Prozess lockert feste Positionen auf

Hier soll nur folgendes festgehalten werden: Wenn man erfasst hat, was bei der Mutation des Bewusstseins geschehen ist, hat man so etwas wie einen Kompass in der Hand. Mit diesem kann man – innerhalb der Wirrnis der Meinungen, die für eine Übergangsphase kennzeichnend ist – erkennen, in welcher Richtung es weiter geht. Evolutionsschritte sind zwar irreversibel. Indessen muss bedacht werden, dass sie jeweils nicht auf breiter Front stattfinden. Sie ereignen sich, wie schon gesagt, in der Evolutionsspitze einer Population und diffundieren dann – wegen der weit verbreiteten Neophobie – nur sehr langsam in breitere und tiefere Schichten.

Bis heute hat diese Diffusion zwar noch kaum stattgefunden, doch dürfte jetzt der Boden dafür schon recht gut vorbereitet sein. Blicken wir kurz zurück, wie das geschah.

Zu Beginn des 20. Jh. standen sich – im Rahmen des Dilemmas zwischen Vernunft und Glauben – Archaiker und Positivisten in sozusagen festen Blöcken gegenüber. Den archaischen Block bildeten die Kirchen, den positivistischen die empirischen Wissenschaften. Zwar gab es viele Wissenschaftler, die sich Christen nannten und jeweils beim Kirchgang auf archaische Sicht umschalteten. Diese sind jedoch dem archaischen Block zuzuordnen, profilierten (und profilieren) sie sich doch in ihren „philosophischen“ Schriften sowie bei „Bildungstagungen“ oft als besonders heftige Verteidiger des archaischen Weltbildes.

Dass das Dilemma de facto überstiegen war, nahm man während der ersten Hälfte des 20. Jh. weder im archaischen noch im positivistischen Bock wahr. Im weiteren Verlauf des Jahrhunderts wurde aber dann – zumindest unterschwellig – die Gesinnungsenge auf beiden Seiten aufgelockert. Dies geschah durch jenen „gegenläufigen“ Prozess, der auch bei individuellen Wandlungen beobachtet werden kann. In der Tiefenpsychologie bezeichnet man diesen als Enantiodromie (von griechisch enantios, entgegengesetzt und dromos, Lauf).

Enantiodromie im positivistischen Block

Im positivistischen Block vollzog sich die Enantiodromie im Rahmen des Übergangs von der mechanistisch-deterministischen Naturauffassung zur systemischen. Begonnen hat es mit der Modifikation der Auffassung von Kausalität. In einem ersten Schritt wurde – mit dem Zustandekommen der Quantentheorie – die monokausale Auffassung der Naturprozesse, aus der der Determinismus hervorgegangen war, abgelöst von der statistischen. Als sich nach dem zweiten Weltkrieg die Kybernetik entfaltete, wurde noch die lineare Auffassung des Ursache-Wirkungs-Geschehens durch die kreisförmige abgelöst: durch das Bild des rückgekoppelten Regelkreises, bei dem die Wirkimpulse fortlaufend korrigiert und damit die Ausgangsbedingungen verändert werden. Dazu kam die Einsicht, dass in der Natur sozusagen jedes mit jedem – wiederum über Regelkreise – vernetzt ist.

Noch einmal modifiziert wurde das Kausalitätsdenken durch die Chaosforschung bzw. die Erkenntnis der Folgen der Nichtlinearität der Naturgesetze. Dabei drängte sich die Einsicht auf, dass es bei den meisten Naturvorgängen gar nicht möglich ist, die Gesamtheit der Randbedingungen – im traditionellen Sprachgebrauch die Ursachen – zu erfassen. Jedenfalls war durch diese

Entwicklung der Determinismus überwunden und Begriffe wie Variationsbreite, Bifurkation und Zufall hatten nun bei der Naturbeschreibung ihren legitimen Platz.

Die andere Komponente der deterministisch-mechanistischen Naturauffassung – das mechanistische Verständnis des Lebendigen – wurde überwunden durch das Aufkommen des Begriffs „System". Begonnen hatte dies schon mit der sog. Holismusdebatte im Rahmen der Quantentheorie: mit der Erkenntnis, dass Atome nur als Ganzheiten, die mehr sind als die Summe ihrer Teile, verstanden werden können.

Als dann das Zeitalter der Biologie dasjenige der Mikrophysik ablöste, setzte sich der Begriff „System" als Schlüsselbegriff der Naturbeschreibung durch: die Vorstellung eines dynamischen Ganzen, das sich selber reguliert und das die Fähigkeit hat, sich unter Aufrechterhaltung der Ganzheit zu transformieren, wobei auch die Transformation sich mittels Selbstregulation vollzieht. Evolutionsmäßig höhere Systeme erwiesen sich sogar als lernfähig, als fähig, ihre immanenten Sollwerte aufgrund gemachter Erfahrung zu verändern.

Für all das passte das Bild des mechanischen Uhrwerks nicht mehr. Die mechanistische Naturauffassung wurde von der systemischen abgelöst. Da nun die Funktion von Systemen nur dann voll erfasst werden kann, wenn man diese – als Komplement zum kausalen – auch unter dem finalen Aspekt ins Auge fasst, erhielt sogar der bis dahin verpönte Begriff „Finalität" seinen legitimen Platz im naturwissenschaftlichen Sprachgebrauch.

Trotz dieses Wandels der Naturauffassung vollzog sich jedoch noch die gesamte Naturforschung – auch die des Lebendigen – unter dem schon erwähnten – seinem Wesen nach materialistischen – Energie-Paradigma. Dieses war – fast gleichzeitig mit der Entdeckung des Unbewussten – zustande gekommen.

Bis zum Ende des 19. Jh. hatten Naturwissenschaftler – in einem mühsamen Prozess – zwei Oberbegriffe erarbeitet, die scheinbar alle beobachtbaren Phänomene unter zwei Hüte brachten: „Energie“ und „Masse“. Der Begriff „Energie“ war abstrahiert aus der Menge der bekannten „Kräfte“ (der mechanischen, elektrischen, magnetischen, thermischen usw.), der Begriff „Masse“ hingegen war abstrahiert aus dem Verhalten der materiellen Gebilde: als der bei all diesen zu beobachtende Widerstand gegen Verschiebung und Beschleunigung. Dabei stellte man sich vor, die beiden Oberbegriffe stünden wie zwei gewaltige Kuppeln – ohne jede Verbindung – nebeneinander.

Dann aber zeigte Albert Einstein, dass jene Eigenschaft, die wir Masse nennen, sich daraus ergibt, dass Energie ungeheuer verdichtet und auf dauerhafte Weise – wie man heute weiß, in Baryonen und Leptonen – „eingeschlossen“ ist: dass Materie aus Energie „besteht“. Auch postulierte Einstein, dass Masse in freie Energie übergeführt werden kann, ebenso freie Energie in Masse. Er gab sogar den (jedes Begreifen übersteigenden) Umrechnungsfaktor für die aus den beiden Oberbegriffen erarbeiteten Maßeinheiten an: das Quadrat der Lichtgeschwindigkeit.

Seither konnte der Begriff „Energie“ als neuer, erweiterter Oberbegriff genommen werden: als Begriff, der die gesamte mit naturwissenschaftlichen Methoden fassbare raumzeitliche Wirklichkeit wie ein Dach unter sich barg. Von da an war nur noch zwischen freier Energie und (als Elementarteilchen) kondensierter Energie zu unterscheiden. Diese Sicht ist das, was ich als Energieparadigma bezeichne. Nach dessen Zustandekommen war man überzeugt, alle Naturvorgänge – auch der Lebensprozess – können auf den Begriff „Energie“ zurückgeführt (reduziert) werden. Man bezeichnet dies als ontologischen Reduktionismus.

Mehr und mehr empfanden jedoch gerade Spitzenvertreter der Naturwissenschaft ein Unbehagen in dieser materialistischen Sicht der Natur. Immer mehr wache Geister wurden sich bewusst, dass unterschwellig ein kategorialer Wandel des Selbst- und Weltverständnisses vor sich gegangen war. Bis man sehen konnte, worin dieser Wandel bestand, musste man aber erst einmal den naiven Realismus überwinden: den Glauben, wie können die Welt so erkennen, wie sie „in Wirklichkeit“ bzw. „an sich“ ist. Man musste erst einmal jene anthropische Wende, die seinerzeit Immanuel Kant eingeleitet hatte, nachvollziehen. Dies heißt: man musste sich der Tatsache bewusst werden, dass zwischen Welt und Weltbild zu unterscheiden ist und dass wir uns deshalb zu allererst darüber Klarheit verschaffen müssen, auf welche Weise wir – mithilfe unseres angeborenen kognitiven Systems – die Welt erkennen.

Aber auch dies konnte nun nicht mehr durch philosophische Spekulation geklärt werden, hatte sich doch schon seit einiger Zeit jene empirische Kognitionsforschung entwickelt, in deren Verlauf die Tiefenpsychologie mit all ihren Implikationen entstanden ist.

Unter diesen Voraussetzungen fand dann – beim interdisziplinären Bemühen um das Finden eines zeitgemäßen Welt- und Menschenbilds – der oben beschriebene Durchbruch statt. In breitere Schichten diffundiert ist das dabei Erkannte zwar, wie schon erwähnt, noch nicht. Immerhin ist durch den enantiodromischen Prozess der Boden dafür vorbereitet worden. Betrachten wir nun noch, wie dies im archaischen Block geschah.

Enantiodromie im archaischen Block

Ergab sich die Enantiodromie im materialistischen Block dadurch, dass dort Entdeckungen gemacht wurden, die mit dem Energie-Paradigma nicht mehr vereinbar sind – also im Zug eines Wachstumsprozesses – ergab sie sich im archaischen Block infolge einer „Infektion“: dadurch, dass die schon seit langem stagnierende Theologie ein für sie tödliches „Virus“ in sich aufgenommen hatte: die kritische Geschichtsforschung.

Theologen glaubten wohl, ihrer Disziplin dadurch das Gesicht einer neuzeitlichen Wissenschaft verschaffen zu können. Sie waren sich ja (als Archaiker) nicht bewusst, dass die „Botschaft“ von der Inkarnation des Sohnes Gottes, dessen freiwilligem, die Menschheit erlösenden Opfertod, dessen Auferstehung, Himmelfahrt usw. nicht ein historischer Bericht, sondern ein historisierter – auf die historische Person Jesu projizierter – Mythos ist. So ahnten sie nicht, was für Folgen die Einführung der kritischen Geschichtsforschung dann für die „christliche Wahrheit“ hatte.

Solange es um die Geschichte der Kirche, der Päpste, der Mönchsorden, des Kirchenrechts, der Theologie usw. ging, wirkte sich das nicht negativ aus. Als man sich aber daran machte, die Entstehung der Bibel – insbesondere des Neuen Testaments – mithilfe der historisch kritischen Methode zu erforschen, begann die Enantiodromie. Da zeigte sich nämlich, dass die bis dahin als Wort Gottes angesehene „Heilige Schrift“ ein menschliches Werk war: dass die Evangelisten die Botschaft des Jesus (dessen religiöse Einstellung) mit der Botschaft über Jesus (dem nach dem Tode Jesu innerhalb weniger Jahrzehnte entstandenen christlichen Mythos) zu einem „historischen Bericht“ verschmolzen und so die schon erfolgte Projektion auf Jesus festgeschrieben haben.

Als die redaktionsgeschichtliche Forschung untersuchte, was jeder Evangelist aus eigener Überzeugung – bzw. aus der Gemeindetradition, in der er stand – in seine Schrift hatte einfließen lassen, erkannte man, dass sogar das bisher als wahrer historischer Bericht aufgefasste Leben Jesu komponiert war: dass „Markus“ zu überlieferten (echten und unechten) Jesusworten szenische Rahmen schuf und diese sowie einzelne überlieferte Jesusgeschichten nach einem von ihm entworfenen örtlichen und zeitlichen Plan zu einem „Leben Jesu“ verknüpfte, welches dann „Mathäus“ und „Lukas“ als Vorlage diente. Zudem erwies die redaktionsgeschichtliche Forschung, dass die Evangelisten – am großzügigsten „Johannes“ – oft Elemente des christlichen Mythos Jesus in den Mund legten, sodass diese in der Folge als authentisches Wort Gottes geglaubt wurden. Besonders ernüchternd wirkte die Einsicht, dass der Eucharistie-Ritus – der zentrale Ritus des Christentums – gar nicht von Jesus eingesetzt worden ist. Die historisch-kritische Forschung zeigte nämlich, dass die Wandlungsworte, durch die gemäß katholischer Lehre der Priester kraft seiner Weihegewalt die „Realpräsenz“ Christi bewirken kann, „nachösterlich“ sind: dass sie zur Begründung des in den frühen christlichen Gemeinden gewachsenen Kults eingeführt wurden, d. h. dass man sie nachträglich in den im Eucharistie-Ritus zu dramatisierenden Mythos eingebaut hat.

Wie der christliche Mythos entstanden ist, erhellte die Erforschung der Urgeschichte des Christentums. Sie zeigte, dass der Glaube, Jesus sei vom Tode auferstanden, sich auf Visionen (!) – insbesondere eine Vision des Petrus – stützte, dass die Vorstellung, Jesus sei der Messias gewesen, in der Jerusalemer Urgemeinde erst nach dessen Hinrichtung um sich griff, dass man sich dort aber den Messias noch als menschliches Wesen vorstellte. Sie zeigte ferner, dass die Vorstellung, der Messias (griechisch „Christos“) sei ein himmlisches Wesen, erst nach der Missionierung der Diaspora-Juden in den christlichen Mythos eingegangen ist. Auch zeigte sie, dass die Gleichsetzung des nunmehr himmlischen Wesens Christos mit dem Logos – der griechischen Variante des „wesensgleichen Sohnes“ des transzendenten Gottes – sich erst im Schoße der heidenchristlichen Gemeinden vollzogen hat.

Die vergleichende Religionswissenschaft hat dann noch gezeigt, dass diese „Botschaft über Jesus“ aus lauter Mythologemen (Mythenmotiven) besteht, die auch in anderen Kulturen vorkommen: dem Mythologem vom wesensgleichen Sohn, dem Mythologem der Inkarnation durch Jungfraugeburt, der unscheinbaren Geburt und der Erdenwanderung eines göttlichen Wesens, das den Menschen ein neues Gesetz und eine neue Offenbarung bringt; ferner dem Mythologem von Leiden, Tod und Auferstehung, gekoppelt mit dem Mythologem vom erlösenden Opfertod eines Gottes usw.

Diese innere Zersetzung des archaischen Blocks durch die historisch-kritische Forschung wurde jedoch lange Zeit nicht manifest, weil in den dreißiger Jahren im katholischen Bereich noch der Triumphalismus aufkam und der evangelische von der archaisierenden Woge der Dialektischen Theologie überrollt wurde. Im Rückblick erscheint dies indessen wie das letzte Sich-Aufbäumen eines schon todkranken Organismus.

Nach der Mitte des 20. Jh. setzte dann eine massive – innere und äußere – Emigration aus den Kirchen ein. Trotzdem hielten die Hierarchen in ihrer Verkündigung an der traditionellen Lehre fest. In ihren Augen war wohl Europa eine Quantité négligeable im Vergleich zu den riesigen außereuropäischen christianisierten Gebieten, deren Populationen noch fest im archaischen Weltbild verankert sind.

In Europa macht sich indessen heute – trotz des Exodus aus den Kirchen – ein großes Bedürfnis nach Religiosität bemerkbar. Allerdings sucht sich dieses – weil das Ergebnis der Mutation noch nicht bekannt ist – oft sehr abstruse Wege aus. Aus diesem Grund soll nun noch auf die zeitgemäße Auffassung und Praxis von Spiritualität eingegangen werden.

Neue Spiritualität und Ethik

Spiritualität ist heute ein sehr vager Begriff. Wenn ich ihn hier verwende, verstehe ich darunter das, was ich im Abschnitt über Individuation als Religiosität beschrieben habe.

In der christlichen Tradition wurde an Stelle von Religiosität meistens von Glauben (lateinisch: fides) geredet. Dieser Ausdruck darf jedoch nicht unbesehen übernommen werden.

Die Theologie unterschied nämlich zwischen Glauben an und Glaubensgewissheit. In der Fachsprache: zwischen fides, quae creditur, d. h. dem Glauben, welcher geglaubt wird und der fides qua creditur, dem Glauben, mit dem geglaubt wird. Das Glauben an, d. h. an jenseitige Wesen und christliche „Heilswahrheiten" ist durch die Mutation des Bewusstseins überholt worden. Es wurde ersetzt durch (empirisch fundiertes) Wissen über die Mächte der Psyche und deren Wirkung auf das Ich.

Nicht überwunden wurde indessen die Glaubensgewissheit. Sie wurde sogar als unabdingbare Voraussetzung psychischer Reifung erkannt. Bei Individuationsprozessen kann man nämlich immer wieder beobachten, dass die Sache in dem Moment „zu laufen beginnt" – mehr wird als intellektuelles Gerede –, in dem sich die Gewissheit einstellt, dass auf die Weisungen des Unbewussten Verlass ist: dass den Weisungen des Selbst auch dann zu folgen ist, wenn diese den bewussten Absichten diametral entgegengesetzt sind.

Von Religiosität kann indessen erst dann gesprochen werden, wenn sich diese Gewissheit (fides, qua creditur) eingestellt hat. Bevor sie erreicht ist, handelt es sich nur um Bemühen um Religiosität. Dieses Bemühen ist zwar Voraussetzung dafür, dass Gewissheit sich überhaupt einstellt. Willentlich kann diese jedoch nicht herbeigeführt werden; sie geschieht. Bei der Begleitung von

Individuationsprozessen kann man immer wieder beobachten, dass sie sich eines Tages – oft völlig unerwartet – einfach einstellt.

Dass „Glaubensgewissheit" sich einstellt, liegt nämlich – bildhaft gesprochen – im Ermessen des Selbst. Es handelt sich dabei um jenes Geschehen, das vor dem Hintergrund der archaischen Weltsicht als Wirkung der göttlichen Gnade bezeichnet worden ist. Die Tiefenpsychologie hat dafür keinen besseren Ausdruck gefunden. Allerdings versteht man jetzt Gnade nicht mehr als etwas, das vom Himmel herabfließt, sondern als innerseelisches Geschehen.

Allerdings sei noch erwähnt, dass vom Selbst sowohl integrierende als auch desintegrierende Tendenzen kommen: solche, die zu Ganzheit streben und solche, die das Ich dazu drängen, Grenzen zu überschreiten und zwar sowohl im Denken als auch im Tun. Für das Denken ist der Drang zum Überschreiten von Grenzen positiv. Er hält nämlich die Evolution des Bewusstseins in Gang. Im Tun jedoch kann er – wenn keine Optimierung stattfindet – das zur Folge haben, was wir als (moralisch) Böses bezeichnen: böse Gedanken, böse Worte, böse Taten.

Diese Ambivalenz des Selbst kam auch in Gottesvorstellungen zum Ausdruck. Das ist verständlich, wenn man bedenkt, dass das, was der archaische Mensch für menschennahe Götter hielt, in der Projektion wahrgenommene Selbstveranschaulichungen des Selbst waren. In frühen Religionen nahm die Ambivalenz des Selbst Gestalt an in Göttern, die sowohl gut als auch böse waren, wie z. B. noch im hinduistischen Shiva. Im Christentum waren dann die beiden Tendenzen verteilt auf den „nur guten" Christus und den bösen Teufel, den „Versucher". Wegen dieser Einsicht galt es in der christlichen spirituellen Tradition als unabdingbar, die Fähigkeit zur Unterscheidung der Geister anzustreben: die Fähigkeit, bei den „Regungen der Seele" die „Stimme Gottes" und die „Stimme des Teufels" zu unterscheiden. Theologen „wussten" allerdings, dass dann, wenn der Mensch sich ehrlich um die „Nachfolge Christi“ bemühte, der Teufel gegenüber Christus den Kürzeren zog. Dies kann auch bei Individuationsprozessen beobachtet werden, sofern man die bildhafte Ausdrucksweise – wenigstens im Hinterkopf – in unsere Begriffssprache zu übersetzen vermag.

Glaubensgewissheit heute

Kommen wir auf das Bemühen um Religiosität zurück. Dass hierzu – wie bei der gesamten existenziellen Einstellung – Bemühen erforderlich ist, muss der vom Positivismus geprägte Mensch erst wieder lernen. Dies wird beim nur intellektuellen Nachvollzug der Bewusstseins-Mutation häufig außer Acht gelassen. Die Aufklärung vertrat nämlich die Meinung, der Mensch sei von Natur aus gut. Er müsse über das Richtige nur belehrt werden, dann könne er es auch tun. Die tiefenpsychologische Erfahrung hat indessen bestätigt, was für den archaischen Menschen selbstverständlich war: dass Versuchung zu bösem Tun zur menschlichen Natur gehört und dass es, um dieser zu widerstehen, ständiger Bemühung bedarf.

In unserer Wissensgesellschaft ist es selbstverständlich, dass wir uns um den Erwerb von Wissen bemühen müssen und wir verwenden darauf viele Jahre. Dabei handelt es sich jedoch um Sachwissen und dieses zu erwerben setzt objektivierende Einstellung voraus, spirituelle Schulung hingegen existenzielle. Gegenüber der Zeit, die wir auf den Erwerb von Sachwissen verwenden, nimmt sich aber die Zeit, die wir für spirituelle Schulung aufbringen, geradezu kläglich aus. Auch wendet der Staat für deren Förderung – im Unterschied zur übrigen Kulturpolitik – kaum finanzielle Mittel auf.

Das Know-how der Schulen der Spiritualität nutzen

Bis zur Mutation des Bewusstseins gehörte zum echten Glauben unabdingbar das Glauben an. Aus diesem Grund war bislang Religiosität immer Religiosität mit Religion. Nachdem nun aber durch das Hereinklappen der jenseitigen Welt den Religionen der Boden entzogen wurde, ist die dem heutigen Bewusstseinsniveau gemäße Religiosität – wie schon gesagt – Religiosität ohne Religion. Zu religiöser Haltung ohne Religion zu gelangen ist allerdings bedeutend schwieriger als wenn man in eine Religion eingebettet ist. Religionen sind Ritengemeinschaften. Indem der Gläubige die Riten immer wieder begeht, assimiliert er die „ewigen, von Gott offenbarten Wahrheiten" seiner Religion sowie das richtige Verhalten gegenüber Gott sozusagen von selbst ans Bewusstsein.

Nun sind zwar Riten sowie magische Praktiken durch das Hereinklappen der jenseitigen Welt dahin gefallen. Nicht so hingegen das Gebet. Allerdings wird Beten heute anders verstanden als bei archaischer Weltsicht: nicht mehr als Sprechen zu einem außen befindlichen Gott oder anderen jenseitigen Wesen, sondern als Sprechen zum Selbst. Da wir wissen, dass das Ich ans Selbst rückgekoppelt ist, wird die Wirksamkeit des Betens auch vor dem Hintergrund der neuen Weltsicht nachvollziehbar.

Bei Religiosität mit Religion profitierte der Gläubige auch von der in seiner Religion vorhandenen Tradition der Pflege geistlichen Lebens: von dem dabei gewonnenen Know-how für das Bemühen um Religiosität. Dass an diesem Know-how – vor allem an dessen Anwendung – in den Schulen der Spiritualität sozusagen professionell gearbeitet wurde, habe ich erwähnt.

Vermittelt wurde es dort, wie gesagt, in einer Meister-Schüler-Beziehung. Heute käme die Funktion, die der Meister in den Schulen der Spiritualität hatte, denen zu, die in tiefenpsychologischer Praxis ausgebildet sind und als Analytiker bezeichnet werden. Allerdings käme sie dem Analytiker nicht so sehr in seiner Funktion als Therapeut zu, sondern als Psychagoge. Zwar arbeiten Analytiker heute vorwiegend als Therapeuten und solche benötigt unsere Zeit mehr als frühere Zeiten, da ja heute ein sehr großer Teil der Menschen psychisch gestört ist.

Therapie schafft indessen nur die Voraussetzung für das Eigentliche, das die Entdeckung des arteigenen Unbewussten gebracht hat: für die Psychagogik, d. h. das Begleiten von Menschen auf dem Weg der Individuation. Allerdings sollte diese Tätigkeit nicht auf Analytiker beschränkt bleiben. Mit der Zeit sollte sich deren Know-how ausbreiten auf alle, die mit Erziehung befasst sind. Aus dem Pädagogen, der ja aus der positivistischen Weltsicht hervorgegangen ist, sollte der Psychagoge werden. Auch dies gehörte zum Nachvollzug der Bewusstseins-Mutation.

Nun scheint es mir außerordentlich wichtig zu erkennen, dass man im Rahmen der Psychagogik jene Tradition wieder aufnehmen sollte, welche vor dem Hintergrund der archaischen Weltsicht in den Schulen der Spiritualität gepflegt wurde. Leider ist sie aber infolge der allgemeinen Verdampfung des Christentums – insbesondere seit der Mitte des 20. Jh. – weitgehend verloren gegangen.

Indessen könnte dieses Know-how der Spiritualität wieder erarbeitet werden, ist es doch in einem umfangreichen Schrifttum – dem der christlichen wie auch anderer Hochreligionen – niedergelegt. Dasjenige der christlichen Tradition finden wir z. B. in den Schriften der Wüstenväter, in den Ordensregeln und den Kommentaren zu diesen, in den Briefen von Seelenführern, in der Erlebnismystik, in symbolischen Beschreibungen des „Weges der Seele", in Autobiografien großer Religiosi sowie auch in den eigentlichen Lehrbüchern des geistlichen Lebens.

Allerdings wurde das Know-how des Bemühens um Spiritualität damals noch vor dem Hintergrund der archaischen Weltsicht formuliert. In dieser Gestalt ist es aber dem heutigen Menschen kaum mehr zugänglich. Um für das heutige Begehen des

Individuationswegs fruchtbar zu sein, muss es von dem mythischen Hintergrund abgeschält und in die Sprache unserer Zeit übersetzt werden. Die Erschließung der Bildersprache des Unbewussten hat dies ja möglich gemacht. So aufgearbeitet wäre das Know-how der spirituellen Tradition für die Psychagogik eine enorme Bereicherung.

Da psychische Reife – das Ziel der Individuation – religiöse Haltung voraussetzt, diese aber ein „Gnadengeschenk" des Selbst ist, wäre für den heutigen Psychagogen auch die Kenntnis jener „Hilfen" wertvoll, die der Schüler anwenden musste, um das In-Gang-Kommen des „Gnadengeschehens" zu fördern. Die acht wichtigsten seien hier aufgezählt:.

Erstens das Schaffen eines geschützten Bezirks: äußerlich durch Reduktion der Sinneseindrücke, die auf den Menschen einprasseln, innerlich – zusätzlich – durch jene meditative Haltung, die man „Internalisierung der Wüste" nannte.

Zweitens die Praktiken der Versenkung (die eigentliche Meditation). Dabei sind die östlichen Praktiken zu bevorzugen, da sie das „Leerwerden des Kopfes" fördern und damit den Strom innerer Erfahrung zum Fließen bringen.

Drittens das Gebet. Vor allem als Dank für empfangene – erleuchtende und helfende – Gnade sowie als Bitte um weitere Gnadenerweise.

Viertens Gewissenserforschung. Damit war das gemeint, was man in der Analytischen Psychologie Bewusstwerdung des persönlichen Schattens nennt.

Fünftens Reue über begangenes Unrecht. Angestrebt wurde „vollkommene" Reue, d. h. ein Bereuen nicht wegen der „weltlichen" Folgen von Untaten, sondern weil man gegen den „Willen Gottes" verstoßen hatte.

Sechstens Askese im ursprünglichen Wortsinn verstanden als Training (grch. askéo, etwas einüben): zum einen als Abgewöhnung seiner „ungeordneten Neigungen" wie z. B. der Neigung zu Überempfindlichkeit, zu Neid, zu Geltungsdrang, zum Lügen usw. ; zum andern als Angewöhnung positiver Eigenschaften wie Mäßigkeit, Aufrichtigkeit, Geduld, Gelassenheit usw.

Siebentens Gewissenskontrolle: die Gewohnheit, sich mindestens am Ende jedes Tages Rechenschaft zu geben, inwieweit es gelungen sei, das, was man sich an „asketischem" Bemühen in diesem Sinne vorgenommen hat, in gelebtes Leben umzusetzen.

Achtens Geistliche Lesung: Lektüre von Schriften, die sich mit dem Bemühen um religiöse Haltung befassen.

Alles in allem handelt es sich bei der Anwendung dieser Hilfen um das, was bis zum II. Vatikanischen Konzil (1962-65) unter dem Namen „Pflege des geistlichen Lebens" in der katholischen Kirche noch sozusagen Allgemeingut war. Dort aber fristet sie heute höchstens noch ein Nischendasein, zudem in archaischem Gewand. So wäre es denn für die, welche die Mutation des Bewusstseins vollzogen haben, eine wichtige Aufgabe, dieses bei der Begleitung von Individuationsprozessen wieder aufleben zu lassen. Auf diese Weise könnte die Schwierigkeit, Religiosität ohne die Stütze einer Religion zu leben, zumindest verkleinert werden.

Adaptation der Ethik

Wir haben gesehen, dass die Vorstellung von der Quelle ethischer Normen beim zweiten Schritt der Bewusstseins-Mutation wieder in die objektive Wirklichkeit verlagert worden ist.

Der arttypische Rahmen für menschliches Verhalten veränderte sich dabei nicht. Es geht, wie schon erwähnt, nur um eine Adaptation der Ethik an das heutige Bewusstseinsniveau. Adaptiert wurde die Ethik um Zug der Bewusstseins-Evolution ja immer wieder, ohne dass der Rahmen dabei im Prinzip verändert wurde.

Es ist nämlich zu bedenken, dass es – wie Ethnografen immer wieder feststellten – schon in primitiven Gesellschaften ethisch hoch stehende Menschen gab. Wenn auch ein Kannibale glaubte, durch den Verzehr von Feinden fließe ihm deren Energie zu, ist dies nicht als böse zu taxieren. Es war lediglich Ausfluss seiner früharchaischen Weltsicht. Die im Zug der Bewusstseins-Evolution sich vollziehende Differenzierung menschlichen Zusammenlebens wirkte sich dann jeweils auf die Differenzierung der Moralvorstellungen aus.

Wie aber soll die Ethik an das heutige Bewusstseinsniveau adaptiert werden? Die Antwort ist einfach: dadurch, dass immer mehr Menschen sich im Rahmen des Bemühens um Individuation um ethisch richtige Entscheidungen bemühen. Sollte es tatsächlich der Fall sein, dass Psychagogik zum Allgemeingut wird, würde sich die Adaptation der Ethik wie von selbst vollziehen.

Dann würden auch die Mitglieder von Ethikkommissionen nicht mehr einfach nach ihrem Kopf oder ihrer Ideologie entscheiden. Sie würden zu ihrem Urteil kommen durch Optimierung der Tendenzen ihres Ich mit denen ihres Selbst.

An der Schwelle zu einem völlig neuen Zeitalter

Von der Steinzeit bis zum Ende unseres Mittelalters fand – aufs Ganze gesehen – eine geradlinige Entwicklung statt: eine lange Reihe kleiner Evolutionsschritte zu immer differenzierteren Weltbildern, in denen der Mythos noch konkretistisch verstanden wurde. Dann aber sehen wir einen radikalen Bruch dieser Linie durch die Entkonkretisierung des Mythos und die dadurch bewirkte Internalisierung der metaphysischen Welt.

Folgen des ersten Schritts der Bewusstseins-Mutation

Untergegangen ist dabei die christlich-abendländische Kultur. Als deren charakteristische Elemente seien genannt der allgegenwärtige Einfluss der Kirchen auf das private und öffentliche Leben; ferner das christlich-humanistische Bildungssystem mit seiner Blickrichtung auf Antike und abendländische Klassik sowie die von der Idee des Gottesgnadentums getragene staatliche Herrschaftsstruktur und ständische Gliederung der Gesellschaft.

Im 20. Jahrhundert trat an die Stelle des Herrschertums von Gottes Gnaden sowie der (ebenfalls „gottesgnädigen") Adelsherrschaft die rechtlich verfasste – von der Idee der Volkssouveränität getragene – Demokratie. Hand in Hand damit hat sich außerhalb des Einflussbereichs der Kirchen eine bunte – kaum mehr vom Christentum geprägte – zivile Gesellschaft entwickelt. Auch wurde das humanistische Bildungssystem durch das naturwissenschaftlich-technisch sowie wirtschaftlich bestimmte verdrängt.

Nun sind aber positivistisch-empirische Wissenschaft und Technologie sowie auch die Demokratie Früchte des ersten Schritts der Bewusstseins-Mutation. Wenn heute schon von einer

Krise der Demokratie geredet wird, wenn geklagt wird, Wissenschaft, Technik und Wirtschaft seien aus dem Ruder gelaufen, wenn schließlich immer mehr Menschen unter Desorientiertheit in Bezug auf das Sein und das Sollen leiden, kann dies nicht gerade als Frucht, sondern eher als (negative) Folge dieses ersten Schritts gesehen werden, insbesondere des dabei entstandenen Menschenbildes.

Jetzt muss noch der zweite Schritt nachgeholt werden

Seien wir uns deshalb bewusst, dass das neue Zeitalter erst dann Gestalt annehmen kann, wenn auch der zweite Schritt vollzogen ist. Was dieser an Neuem brachte, habe ich in diesem Büchlein zu beschreiben versucht. Dabei habe ich mich bemüht, den Kern des Geschehens – die neue Vorstellung des Begriffspaares Materie und Geist – herauszuarbeiten. Sie ist nämlich die eigentliche Errungenschaft der Bewusstseins-Mutation. Sie ist der Keim, aus dem – wie die Eiche aus dem Samen – wiederum eine umfassende, der untergegangenen abendländischen äquivalente Kultur hervor sprießen kann. Wie diese im Einzelnen aussehen wird, müssen wir der Zukunft überlassen.

Im gegebenen Moment scheint mir vor allem wichtig zu sein, dass der Wandel zum neuen Menschenbild bzw. Selbstverständnis nachvollzogen wird. Der heutige Mensch ist ja vor allem in existenziellen Belangen desorientiert: bezüglich des richtigen Tuns und des Findens von Lebenssinn. Dass das archaische Menschenbild mit seinem Ausgerichtetsein auf eine himmlische Macht an Überzeugungskraft verloren hat, ist eine Tatsache, die sich notwendigerweise aus dem Verlauf der Bewusstseins-Mutation ergeben hat. Das im Ich zentrierte Menschenbild der Aufklärung, das an seine Stelle getreten ist, hat zwar eine ungeheure Befreiung gebracht. Es hat aber auch den desintegrierenden Tendenzen – der dem Menschen immanenten Neigung zu Egoismus und zum Bösen – freie Bahn gegeben.

Wir müssen uns nun bewusst werden, dass es gerade das mit diesem Menschenbild verbundene subjektivistische Verständnis von Ethik war, das zur heutigen Desorientiertheit in existenziellen Belangen, zum Verlust der Menschlichkeit sowie zur Entfremdung von der Natur und von uns selbst geführt hat. Ebenso müssen wir uns bewusst werden, dass uns die Verfügungsgewalt über die Ergebnisse von Wissenschaft und Technologie deshalb dermaßen entglitten ist, weil die Rückkoppelung des Ich ans objektiv Psychische durch das Menschenbild der Aufklärung aufgehoben wurde. Bewusst werden müssen wir uns schließlich auch, dass die heutige Krise der Demokratie ihren Grund nicht in deren rechtlicher Struktur hat, sondern in der mangelnden psychischen Reife vieler von denen, die sie bilden.

Für den Vollzug der Mutation genügt allerdings bloße intellektuelle Übernahme von Information über deren Verlauf nicht. Sie ist zwar die Voraussetzung für deren Vollzug, doch bedeutet Bewusstwerdung auch Umsetzung des Erkannten in gelebtes Leben. Dies aber bedeutet, dass der heute dominierende, reinblütige Homo faber und oeconomicus tatsächlich – im konkreten Leben – abgelöst wird vom Homo sapiens, noch besser gesagt vom Homo religiosus im oben beschriebenen „zivilen" Sinn.

Unbefriedigten Archaikern dürfte dies leichter fallen als Positivisten, da ihnen immerhin der Kern des neuen Menschenbildes – das was ich religiöse Haltung nenne – geläufig ist. Aus diesem Traditionsstrang heraus dürfte deshalb am ehesten das dringend notwendige Äquivalent dessen erwachsen, was bei archaischer Weltsicht die Schulen der Spiritualität gewesen sind. Für notwendig halte ich, wie gesagt, dieses Äquivalent, weil nur in ihm – nicht in der Wissenschaft (!) – die Adaptation der Ethik an das heutige Bewusstseinsniveau erfolgen kann. Auch dürfte nur auf diesem Strang jene Einstellung gewonnen werden, die zur Umsetzung der neuen Ethik in gelebtes Leben nötig ist.

Ausblick in die Zukunft

Der Durchbruch zum neuen Menschenbild ist geschehen und evolutionäre Durchbrüche sind irreversibel. Jedenfalls dürfte sich nun das ereignen, was man in der Bio-Evolution als adaptive Radiation bezeichnet. Hatte dort an einer Stelle ein evolutionärer Durchbruch stattgefunden, wurden von der neuartigen Form von Lebewesen jeweils die verschiedensten Nischen erobert (Radiation), wobei der neue Bauplan – in Anpassung (Adaptation) an die unterschiedlichen Umwelten – variiert wurde.

Da die Mutation des europäischen Bewusstseins in zwei Schritten vor sich gegangen ist, wird es auch zwei adaptive Radiationen geben. Die erste hat sogar schon stattgefunden. Schon haben sich die Ergebnisse empirischen Forschens unter positivistischen Vorzeichen – zum Teil auch die positivistische Weltsicht – über die ganze Welt ausgebreitet. Die Radiation dessen, was der zweite Schritt der Mutation gebracht hat, wird mit naturgesetzlicher – den Gesetzen der Bewusstseins-Evolution entsprechender – Notwendigkeit folgen. Diese zweite Radiation wird aber auch dringend notwendig sein, hat doch die erste – ebenso wie bei uns – auch bei den Völkern anderer Kontinente viel Unheil angerichtet: Unheil, dem – ebenso wie bei uns – nur durch Nachvollzug des zweiten Schritts der Bewusstseins-Mutation entgegengewirkt werden kann.

Die adaptive Radiation des zweiten Schritts dürfte allerdings nicht so schnell vor sich gehen, wie es, in Anbetracht des Unheils, das die des ersten angerichtet hat, nötig wäre. Zum einen hat sich der Durchbruch bei uns erst in der Bewusstseinsspitze ereignet. Bevor eine Radiation des Neuen, das dieser Schritt gebracht hat, geschehen kann, muss dieses wohl erst einmal bei uns von einer breiteren Schicht rezipiert werden.

Zum andern steht der Rezeption in anderen Kulturen erst noch die Tatsache im Wege, dass bei Bewusstwerdungsprozessen keine Stufe übersprungen werden kann. Bedenken wir, dass die Aufklärung (als historische Epoche) nur bei uns stattgefunden hat; ferner, dass sie ein mühsamer und lang dauernder Prozess war und schließlich, dass sie sich nur gegen vehementen Widerstand vonseiten der Kirchen und der mit dieser verbündeten weltlichen Herrscher „von Gottes Gnaden" sowie vieler einzelner neophober Archaiker durchgesetzt hat.

Jedenfalls hat man – bei der Radiation des ersten Schritts der Bewusstseins-Mutation – im außereuropäischen Bereich einfach den Ertrag unserer naturwissenschaftlichen Forschung und die Früchte unseres Erfindergeists übernommen und zwar so, als wäre all dies an den Bäumen gewachsen. Nicht übernommen hat man jedoch das Wissen um die Tatsache, dass durch dieses Forschen die Vorstellung der Übernatur aus dem Weltbild eliminiert worden ist.

Es sei hier ausdrücklich festgehalten, dass dies auch für die USA gilt. Diese haben zwar den politischen Strang der Aufklärung assimiliert und sogar als erste eine rechtlich verfasste Demokratie geschaffen. Vom weltanschaulichen Strang der Aufklärung blieben sie jedoch unberührt. Das ist nicht erstaunlich, waren doch die Väter der amerikanischen Verfassung allesamt Anhänger fundamentalistischer protestantischer Sekten. Dass dies bis heute nachwirkt, sieht man an dem heftigen Widerstand gegen die Evolutionslehre und vielem anderen mehr.

Die über einen so großen Teil der Welt verbreitete Tendenz zu religiösem Fundamentalismus ist wohl in erster Linie als unbewusste Abwehr der eingesickerten Ideen unserer Aufklärung zu verstehen: als Ausdruck der Tatsache, dass jene Völker diesen mühsamen phylogenetischen Entwicklungsschritt noch nicht vollzogen haben. Darum herumkommen werden sie – wegen der psychischen Gesetzmäßigkeit von Tod und Auferstehung – allerdings nicht.

Bis es so weit ist, dürfte noch viel Wasser den Rhein hinab fließen. Zwar hat sich – zumindest im Bereich der westasiatischen Religionen – schon einiges getan. Während in meiner Jugend im katholischen Lager Protestanten noch als Söhne des Teufels bezeichnet wurden, ist die christliche Ökumene in den letzten Jahrzehnten schon weitgehend durchgespielt worden. Dass sie zu keinem befriedigenden Ergebnis kam, ergab sich aus dem Widerstand der römischen Kurie, die – trotz aller gegenteiligen Beteuerungen – immer noch Anspruch auf Besitz der „einzig wahren Lehre" erhebt.

Unter dem Eindruck, dass den Religionen die Felle davonschwimmen, ist unterdessen das „interreligiöse Gespräch" von Christen mit Juden und Muslimen in Gang gekommen. Während diese drei Religionen sich über Jahrhunderte hinweg spinnefeind waren, haben sie nun – wohl der Not gehorchend – ihre gemeinsame Wurzel entdeckt und bezeichnen sich neuerdings als abrahamitische Religionen. Vollzogen wird indessen die Mutation des Bewusstseins erst dann sein, wenn sie die Tatsache rezipiert haben, dass die Übernatur naturalisiert worden ist: dass somit weder Jahwe, noch Allah noch Christus als Geist-Wesen existieren. Zur gleichen Einsicht werden schließlich auch die indischen, ostasiatischen und afrikanischen Völker in Bezug auf ihre Götter und Geister kommen müssen.

Nachdem sich aber beim zweiten Schritt gezeigt hat, dass durch die Mutation vom existenziell wichtigen Kern der archaischen Weltsicht nichts Wesentliches zerstört worden ist, kann vielleicht dort deren Nachvollzug sogar zeitlich gerafft vor sich gehen. All dies soll uns Europäer aber nicht davon abhalten, uns selber um den Vollzug des zweiten Schritts der Mutation des Bewusstseins zu bemühen und damit die Früchte der Arbeit unserer Vorfahren in unsere Scheune einzubringen. Immerhin könnte so noch ein wirklich neues Europa – bzw. eine westliche Variante der Kultur des neuen Zeitalters – zustande kommen.

Publikationen Willy Obrist

Bücher

Die Mutation des Bewusstseins / Vom archaischen zum heutigen Selbst- und Weltverständnis. Peter Lang, Bern 1980, 2. Aufl. 1988, Neuherausgabe bei opus magnum 2006

Neues Bewusstsein und Religiosität / Evolution zum ganzheitlichen Menschen. Walter-Verlag, Olten 1988, Neuherausgabe bei opus magnum 2004 unter dem Titel: Religiosität ohne Religion.

Ein neuer Weg zur Erforschung der Bewusstseins-Evolution. „Fortkommen", Hefte im R+R Verlag Nr. 2, R+R-Verlag Bottmingen 1988

Archetypen / Natur- und Kulturwissenschaften bestätigen C. G. Jung. Walter-Verlag, Olten 1990, Neuherausgabe bei opus magnum 2013 unter dem Titel: Das Unbewusste und das Bewusstsein

Tiefenpsychologie und Theologie. Benziger-Verlag, Zürich 1993, Neuherausgabe bei opus magnum 2009

Die Mutation des europäischen Bewusstseins. Eine Zusammenfassung des Gesamtwerks. Opus-Magnum-Verlag, Stuttgart 2009

Die Mutation des Bewusstseins fand in Europa statt. Opus-Magnum-Verlag, Stuttgart 2009

Die Natur - Quelle von Ethik und Sinn, Walter-Verlag, Zürich und Düsseldorf 1999, Neuherausgabe bei opus magnum 2009 unter dem Titel: Keine Materie ohne Geist.

Beiträge in Büchern

Bewusstseins-Mutation und neue Auffassung von Religiosität. Beitrag zu Knut Walf (Hrsg.): Stille Fluchten. Kösel-Verlag 1983

Zur Erforschung der Bewusstseins-Evolution. Beitrag zu: Einheit und Vielfalt, Festschrift für Peter Lang zum 60. Geburtstag (ca. 1987)

Religiöse Erfahrung auch ohne Religion. Beitrag zu Marcel Messing (Hrsg): Von Buddha bis C. G.Jung /Religion als lebendige Erfahrung. Walter-Verlag, Olten. 1990

Archaische und heutige Vorstellung vom Unus Mundus. Beitrag zu: Unus Mundus. Kosmos und Sympathie, T. Arzt. Hippius Gräfin Dürckkheim, R. Dollinger (Hrsg): Peter Lang, Bern 1992

Lieber Herr Jung. Beitrag zu: Marianne Schiess, Lieber C. G. Jung: Was ich Ihnen immer schon sagen wollte. Walter Verlag, Düsseldorf und Zürich 2000

Der Wandel des Welt-und Menschenbildes. Beitrag zu Knut Walf (Hrsg).: Erosion / Zur Veränderung des religiösen Bewusstseins. Edition Exodus, Luzern 2000

Tiefenpsychologie als Basaldisziplin einer integralen Humanwissenschaft. Beitrag zu Wolfgang Mertens, Willy Obrist, Herbert Scholpp: Was Freud und Jung nicht zu hoffen wagten. Psychosozial-Verlag, Giessen 2004

Artikel

Glaube und Wissen. Neue Zürcher Zeitung 13. Sept. 1970, Nr. 425 (Fernausgabe Nr. 252)

Ein neues Menschenbild entsteht. Civitas. Monatsschrift des Schweiz. Studentenvereins, Nov. 1971

Die vergessene Seite der Wirklichkeit /Gedanken zur Überwindung der positivistisch-rationalistischen Weltschau. Schweizer Monatshefte. 53. Jahr. Heft 6. September 1973

Der religiöse Indifferentismus: Symptom der Mutation des Bewusstseins, Concilium 19, 1983, Heft 5 (Thema: der religiöse Indifferentismus)

Diskussionsbeitrag zum Thema: Antirationale Züge in religiösen Aufbrüchen der Gegenwart. Bulletin der Schweiz. Gesellschaft für Religionswissenschaft, Februar 1984

Theoriebildung in der Tiefenpsychologie: Defizit. Notwendigkeit und Möglichkeiten. Analytische Psychologie. Vol. 16. Nr. 3, 1985.

Weihehierarchie - Hindernis für eine Demokratisierung der katholischen Kirche, Concilium, 28, 1992, Heft 5

Droit et evolution de la conscience. PJR -Praxis Juridique et Religion, 11, 1994, Heft 1, Cerdic Publications, Universite Humaines de Strassbourg.

Bewusstseins-Evolution, Zukünfte, 6, 1997/98, Heft 22, Thema: Werteverlust?

Wie unzeitgemäss ist der Ablass? Imprimatur 2, 2000

Theorie und heutige Naturerkenntnis. Analytische Psychologie Vol. 32, Nr. 4, 2001

Balthasar Stähelins Christustherapie und der Wandel des Welt-und Menschenbildes. Schweizerische Aerztezeitung, 83, Heft 25, 2002

Tiefenpsychologie und Theologie. Analytische Psychologie Vol. 34, Heft 2, 2003

Die Evolution des Bewusstseins und neue Religiosität. Jung-Journal, 2009, Heft 22

Interviews

Fernsehen DRS 1988: Pfingstgespräch mit Erwin Koller, 50 Min.

Publik - Forum, Nr. 1, 14. Januar 2000. Thema: Das dritte Jahrtausend / Wovor Forscher warnen, wo die Chancen liegen.

Kurszeitung / Theologie für Laien. Nr. 4. April 2000. Thema: Tiefenpsychologie und Christentum. Mutation des Bewusstseins. Vom archaischen zum heutigen Selbst- und Weltverständnis.

Anhang

Die Evolution des Bewusstseins und neue Religiosität[1]

Das Reden über neue Auffassung von Religiosität setzt voraus, dass man Religiosität früher anders aufgefasst hat. Worin bestand die alte Auffassung? Was hat sich beim Schritt zur neuen verändert? Was hat diesen Schritt bewirkt und wie ist er vor sich gegangen?

Religion und Religiosität

Klären wir einige Begriffe, allem voran den Unterschied zwischen Religion und Religiosität. Religionen sind historisch gewachsene, geistliche Gemeinschaften mit je charakteristischen Vorstellungen über eine jenseitige Welt und jenseitige Wesen sowie mit charakteristischen Verhaltensmustern zum Umgang mit diesen, nämlich Magie und Ritus.

Unter Religiosität hingegen wird eine bestimmte existenzielle Einstellung verstanden. Damit stoßen wir auf ein zweites zu klärendes Begriffspaar. Der Mensch muss nämlich alternierend zwei grundverschiedene Haltungen einnehmen: die objektivierende und die existenzielle. Objektivierend ist er eingestellt, wenn er sich bemüht, Struktur und Funktion der „Dinge" zu ergründen. Bemüht er sich hingegen, das Richtige zu tun, ist er existenziell eingestellt. Aus objektivierender Einstellung gingen die Wissenschaften hervor, aus existenzieller die Schulen der Spiritualität.

Nun gibt es aber zwei Arten existenzieller Einstellung: religiöse und areligiöse. Als areligiös kann man sie bezeichnen, wenn der Mensch glaubt, er könne das Richtige aus eigenem Vermögen

---

1 Erstmals erschienen in: Jung-Journal, 2009, Heft 22, S. 7-15

sowohl erkennen als auch tun. Es ist die Art existenziellen Eingestelltseins, die mit der ersten Aufklärung – im 18. Jh. – aufkam und heute sehr verbreitet ist. Religiös ist hingegen jene existenzielle Einstellung zu nennen, bei der der Mensch sich bemüht, bei seinem Tun und Lassen den Willen der Numina – der unsichtbaren Mächte – zu beachten (lateinisch: religere).

Mit dem Wort „Numina" stoßen wir auf das Zentrum unseres Problems. Bei früherer Auffassung von Religiosität verstand man unter den Numina nämlich außerhalb des Menschen befindliche, unsichtbare Wesen wie Naturgeister, Götter und Ahnen. Seit der zweiten Aufklärung, die im 20. Jh. stattgefunden hat, versteht man darunter jedoch psychische Mächte, die aus dem Unbewussten auf das Ich einwirken.

Das bedeutete eine Drehung der Vorstellung von Religiosität um 180 Grad. Sie ergab sich aus dem fundamentalen Wandel des Welt- und Menschenbildes, der sich in Europa im Verlauf der Neuzeit ereignet hat. Fundamental kann man ihn nennen, weil dabei ein Muster des Selbst- und Weltverstehens, das seit der Steinzeit die Grundlage aller Kulturen war, überwunden und von einem grundlegend neuen abgelöst worden ist. Dieser Wandel war kein willkürlicher Akt, der auch hätte vermieden werden können. Er war Ausdruck der Bewusstseins-Evolution: der letzten Phase jenes seit nunmehr ca. 15 Milliarden andauernden Prozesses fortschreitender Komplexitätszunahme, der als Evolution der Materie begann, dann als Evolution der unbewussten Lebewesen voranschritt und schließlich – seit der Entstehung des Menschen – als Evolution des Bewusstseins weitergeht.

Alte Auffassung von Religiosität

Bei der Weltsicht, die während der ersten Phase der Bewusstseins-Evolution gültig war – der archaischen – wurde zwischen zwei Bereichen der Wirklichkeit unterschieden: einem sichtbaren (diesseitigen, natürlichen, physischen) und einem unsichtbaren (jenseitigen, übernatürlichen, metaphysischen).

Den Wesen, mit denen man sich das Jenseits bevölkert vorstellte, schrieb man drei Fähigkeiten zu:

Erstens akausale Wirkmächtigkeit: die Fähigkeit, durch bloßes Denken und Wollen – ohne Zuhilfenahme physikalischer Energie – auf das Diesseits einzuwirken (Wunder).

Zweitens die Fähigkeit, sich zu inkarnieren: ins Diesseits herüberzutreten und dabei (in späteren Phasen der Bewusstseins-Evolution) einen „fleischlichen" Leib anzunehmen.

Drittens die Fähigkeit, sich dem Menschen mitzuteilen (zu offenbaren). Offenbaren „konnten" sich jenseitige Wesen entweder in Naturerscheinungen, z. B. indem sie einen Kometen „erscheinen ließen"; ferner im Geschick, das sie einem Menschen oder einem Volk „beschieden", und schließlich – als wichtigste Offenbarungsart – im „Gesicht", d. h. in Träumen oder Visionen (als „Erscheinung" oder „Entrückung").

Alles Wissen über das Jenseits und die Jenseitigen schrieb man einem Offenbarungsvorgang zu. Aus der Reflexion über „Offenbartes" gingen die Theologien hervor.

Auch gewissen Menschen wurde akausale Wirkmacht zugeschrieben: Magiern, die durch Vormachen oder Vorsprechen (Zaubersprüche) „wandelten", sowie Priestern, die durch den Vollzug von Riten „bewirkten". In der katholischen Kirche wurde (und wird) akausale Wirkmacht an einem Menschen durch den Ritus der Priesterweihe „bewirkt".

Natürlich fand schon während der archaischen Phase eine beträchtliche Evolution des Bewusstseins statt. Sie kann durch vier Stichworte charakterisiert werden.

Erstens: „Hochschieben des Himmels". Stellte man sich das Jenseits ursprünglich als mit den sichtbaren Dingen verhaftet vor – als göttliche Flüsse, Berge usw. – glaubte man später, es befinde sich über den Sternen.

Zweitens: Reduktion der metaphysischen Populationen. „Gab" es in Stammesreligionen noch Heerscharen von Geistern, „kannte" man später überblickbare Götter-Familien und schließlich nur noch einen einzigen Gott.

Drittens: Verinnerlichung des Ziels rituellen Tuns. Sollten Riten auf niedrigen Evolutionsstufen bewirken, dass die Welt weiterhin bestehe, dass die Saaten und Herden gediehen usw., zielten sie später – wie z. B. die sakramentalen Riten der katholischen Kirche – auf die Bewirkung von Seelenheil.

Viertens: Entmaterialisierung der jenseitigen Wesen. Stellte man sich diese ursprünglich von gleicher Konsistenz vor wie die Menschen, dachte man sie sich mit fortschreitender Evolution immer weniger materiell bzw. aus einem immer feineren ‚Stoff' bestehend.

Diese Entmaterialisierung hat – als Ertrag der Bewusstseins-Evolution bei archaischer Weltsicht – zum Begriffspaar von Materie und Geist geführt. Dabei steht der Begriff „Geist" – in heutiger Ausdrucksweise – für das „objektiv" Geistige: für jenes Geistige, das schon da war, bevor Bewusstsein – das subjektiv Geistige – in die Existenz getreten ist.

Die damals noch konkretistische Vorstellung psychischer Mächte in Gestalt metaphysischer Wesen hatte indessen zur Folge, dass die Entmaterialisierung, die ja nur im Denken stattfand, einem nie erreichbaren Grenzwert zustrebte: dem Begriff des rein geistigen Wesens. Man kann zwar sagen, ein jenseitiges Wesen sei rein geistig. Ganz ohne Stoff kann man sich jedoch ein Wesen, das wirkungsvoll ins Diesseits eingreift und sich dem Menschen offenbart, nicht denken.

So drohte denn die Evolution des Bewusstseins – spätestens mit der scholastischen Philosophie – an einem Plafond anzustoßen. Sie konnte nur dann weiter voranschreiten, wenn eine grundlegend neue, nicht mehr konkretistische Auffassung des Geistigen gefunden wurde. Allerdings geschah dieses Suchen nicht bewusst. Es war die vom Unbewussten her wirkende evolutionäre Tendenz, die dazu antrieb.

Die Zeit des Wandels

Bis die neue Auffassung des Geistigen zustande kam, dauerte es an die 500 Jahre. Das Ergebnis ist, dass man heute nicht mehr dualistisch zwischen einem materiellen Diesseits und einem aus Geist bestehenden Jenseits – auch nicht mehr zwischen der Materie und dem Geist – unterscheidet, sondern unistisch, im Sinne des komplementären Denkens, zwischen einem materiellen und einem geistigen Aspekt der an sich einheitlichen raumzeitlichen Wirklichkeit.

Entscheidend für das Zustandekommen dieser neuen Sicht war die Entstehung der empirischen Wissenschaften. Diese erarbeiteten in ihren Methoden ein geistiges Instrumentarium, mit dem es gelang, Schritt für Schritt hinter die Fassade des bloßen Augenscheins vorzudringen: räumlich bis hinab in die atomare Dimension und hinaus in die kosmische, zeitlich zurück bis in die Anfänge der Menschheit, des Lebens, ja des Universums.

Allerdings wurde dabei nicht nur unser Wissen vermehrt. Für den Wandel der Weltsicht ebenso wichtig war die damit verbundene Einsicht, dass der spontane Eindruck unserer Wahrnehmung trügt, und zwar bei der sinnlichen wie – was besonders folgenschwer war – bei der inneren, d. h. bei Träumen und Visionen. Die Mutation des Bewusstseins war somit im Kern eine erkenntnistheoretische Revolution. Durch diese wurde die Übernatur des archaischen Menschen naturalisiert, d. h. als Aspekt der Natur erkannt.

Wie dieser phylogenetische Prozess verlaufen ist, habe ich in meinem Werk ausführlich geschildert (siehe www.opus-magnum.de). Hier sei nur erwähnt, dass er dialektisch vor sich gegangen ist: als naturhafter Prozess entsprechend der von C. G. Jung bei individuellen Wandlungsschritten entdeckten Gesetzmäßigkeit von Gegensatzspannung und transzendierender Funktion.

Bis zur ersten Aufklärung galt in den empirischen Wissenschaften nur das als erwiesen, was über die Sinneserfahrung nachweisbar war. Dieser sog. methodische Positivismus war damals nötig, um von dem bis dahin geübten „Wissensgewinn" durch Fantasieren (Mythisieren) loszukommen.

Im Verlauf des 18. Jh. entwickelte sich jedoch der methodische Positivismus zum ideologischen: zur Aussage, was mit den Sinnen nicht nachweisbar sei, existiere nicht. Dadurch entstand die atheistische, materialistische Weltsicht, die ihrem Wesen nach areligiös war. Da die Theologie bis dahin unangefochten weitergelebt hatte, standen sich nun zwei inkompatible Weltbilder gegenüber, was als Dilemma zwischen Wissen und Glauben artikuliert wurde.

Nun können Dilemmata nicht rational gelöst, sondern nur überstiegen (transzendiert) werden. Geschehen ist dies im 20. Jh. – und zwar zuerst nur de facto – durch wissenschaftliche Entdeckungen auf zwei Strängen: zum einen auf dem der Kognitionsforschung durch die Entdeckung des Unbewussten, zum andern auf dem der traditionellen Naturwissenschaft durch Atomphysik, neue Biologie und Kosmologie sowie – Hand in Hand damit – durch den Übergang von der mechanistisch-deterministischen Naturauffassung zur systemischen und die Erfindung des komplementären Denkens.

Als dann ab den 70er Jahren des des 20. Jh. – als zweite Aufklärung – in transdisziplinärer Arbeit um ein zeitgemäßes Welt- und Menschenbild gerungen wurde, zeigte sich, dass sowohl die archaische als auch die positivistisch-materialistische Weltsicht überwunden war. Hand in Hand damit konnte die grundlegend neue, nicht mehr konkretistische Auffassung des Geistigen erarbeitet werden und damit das neue Welt- und Menschenbild.

Das neue Weltbild

Ausgangspunkt für die neue, komplementäre Auffassung des Begriffspaares von Materie und Geist war die Art und Weise, wie Physiker heute Materie definieren. Die frühere, naive Vorstellung des Materiellen war ja durch die Atomphysik ebenfalls verändert worden. Heute wird Materie definiert als geordnete Energie.

Nun ist zu bedenken, dass der Begriff „Energie" erst in der zweiten Hälfte des 19. Jh. erarbeitet worden ist als Oberbegriff für die bis dahin bekannten in der Natur wirkenden Kräfte: die mechanischen, thermischen, chemischen und elektromagnetischen. Von der Energie unterschied man damals noch die Masse als Name für den Widerstand, den feste Körper der Veränderung durch äußere Kräfte entgegensetzen. Auch glaubte man, Energie und Masse haben nichts miteinander zu tun.

Um 1900 wies aber dann Einstein nach, dass die Eigenschaft „Masse" sich daraus ergibt, dass Energie in Atomkernen – auf ungeheure Weise (im Quadrat der Lichtgeschwindigkeit) verdichtet – eingeschlossen ist.

Seither galt der Energiebegriff als Schlüssel zum Verständnis des gesamten Naturprozesses. Unter dem so zustande gekommenen – materialistischen – Energieparadigma schritt die Forschung nun voran. Dabei glaubte man, auch der menschliche Geist lasse sich mit der Zeit auf die Gesetze der Physik zurückführen.

Als in den 70er Jahren des 20. Jh. immer mehr Spitzenvertreter der Naturwissenschaft die Meinung äußerten, der Materialismus sei nicht mehr haltbar, war obige Definition von Materie für Physiker schon selbstverständlich. Nun enthält diese aber, wenn man genau hinhört, zwei verschiedene Aussagen: zum einen, dass Materie aus Energie besteht, zum andern, dass die Energie in jedem materiellen Gebilde angeordnet ist.

Dabei ist aber zu bedenken – und das war die weiterführende Einsicht – dass Geordnetsein mit dem Energiebegriff nicht erfasst wird, da dieser die Bedeutungen „Quantifizierbarkeit" und „Fall in die Senke" impliziert, Ordnung jedoch – als etwas Qualitatives – nicht quantifiziert werden kann. Zur Benennung des Geordnetseins musste somit ein neuer Begriff eingeführt werden. Dazu bot sich aus unserer sprachlichen Tradition – als Schwesterbegriff zu „Materie" – der Ausdruck „Geist" an.

Betrachtet man nun an einem raumzeitlichen Gebilde – einem Atom, einem Molekül oder einem Lebewesen – die Energie allein, erfasst man dessen materiellen Aspekt. Betrachtet man hingegen, wie die Energie darin angeordnet ist, erfasst man dessen geistigen Aspekt, wobei es, wie gesagt, um das „objektiv" Geistige geht.

Unterscheiden müssen wir diese beiden Aspekte, weil wir durch die Struktur des Bewusstseins gezwungen sind, Begriffspaare zu bilden. Dass wir bei den obersten Paaren der Begriffshierarchie – z. B. Materie-Geist, Leib-Seele – jedoch das komplementäre Denken anwenden, d. h. diese nur noch als Bezeichnungen von Aspekten an sich einheitlicher Gebilde auffassen müssen, erkannte man erst im Rahmen der zweiten Aufklärung.

Durchmustert man nun das heutige Wissen über die Natur – zum einen, wie sie sich uns gegenwärtig darstellt, zum andern, wie sie im Zug der Evolution geworden ist – erweist sich das „objektiv" Geistige erst in seiner vollen Größe bzw. Vielseitigkeit. Allerdings ist bei diesem Durchmustern das Angeordnetsein der Energie unter verschiedenen Gesichtspunkten zu betrachten: zum einen als räumliche Anordnung der kompakten – in Atomen kondensierten – Energie zu morphologischen Strukturen; zum andern – vor allem auf der Stufe des Lebendigen – als zeitliche Anordnung (Lenkung) der freien Energie in Prozessen. Ferner sind zu beachten die Emergenzen bzw. Fulgurationen – das In-die-Existenz-Treten neuer Eigenschaften beim Evolutionsschritt zu einem komplexeren System. Es sind dies Festigkeit und Masse beim Schritt zum Atom, eine neue Art von Form beim Schritt zum Molekül, die Fulguration von Spontaneität und Innerlichkeit – der Fähigkeit zu angeborenem Wissen sowie zu Bewertung und Verarbeitung von Information – beim Schritt zum unbewussten Lebewesen und schließlich die Fulguration von Bewusstsein bzw. von subjektiv Geistigem – der Fähigkeit zur Unterscheidung von Ich und Nicht-Ich – beim Schritt vom Tier zum Menschen.

Auf diese Weise erfasst man das, was man heute Geist-Aspekt der Natur nennt. Wenn man nun sagt, das, was man sich früher als jenseitige Welt vorgestellt hat, sehe man heute als Geist-Aspekt der Natur, mag das auf viele ernüchternd wirken. Nimmt man sich jedoch tatsächlich die Mühe, das Angeordnetsein der Energie auf die oben beschriebene Art zu erfassen, leuchtet wohl die Aussage ohne Weiteres ein, der Bedeutungsgehalt des Ausdrucks ‚Geist-Aspekt der Natur' sei bei Weitem reichhaltiger und staunenswerter als alles, was Theologen je über Weltenschöpfer und deren akausales Wirken ausgesagt haben.

Der Wandel der Vorstellung des „objektiv“ Geistigen macht den Kern der Mutation des europäischen Bewusstseins aus. In der Art und Weise, wie er vor sich gegangen ist, manifestiert sich jene Gesetzmäßigkeit des Stirb und Werde, die in vielen Mythen – in der Sprache des Unbewussten – als Tod und Auferstehung eines Gottes veranschaulicht wurde. Mit der ersten Aufklärung vollzog sich – bei dieser Sprechweise – der Tod der archaischen Vorstellung des Geistigen, mit der zweiten deren Auferstehung in neuer Gestalt.

Nun stellt sich wohl für viele die Frage, was bei dieser Naturalisierung der Übernatur aus Gott geworden sei. Besser fragen wir, wie jene Entität, die bei archaischer Weltsicht als Gott bezeichnet wurde, heute aufgefasst werde. Da sind erst einmal die Gestalten des Weltenschöpfers und des menschennahen Gottes, die ja im christlichen Gottesbild miteinander verschmolzen sind, auseinanderzuhalten. Sie sind nämlich – religionswissenschaftlich betrachtet – verschiedenen Mythenkategorien zuzuordnen.

Die Gestalt des Weltenschöpfers – integrierende Gestalt all der ungezählten Schöpfungsmythen – gehört zu den erklärenden Mythen. Sie entstand durch die Reflexion über die Frage, wie die Welt entstanden sei. Da früher die kognitiven Mittel zu deren Beantwortung noch fehlten, ergossen sich – wie bei allen erklärenden Mythen – Fantasien in das Wissensvakuum hinein. Diese Fantasien wurden dann im Verlauf der Neuzeit dank empirisch-wissenschaftlicher Forschung durch Wissen ersetzt. Deshalb kann man nun sagen, was in den naturerklärenden Mythen die Gestalt des Schöpfergottes war, sehe man beim heutigen Stand der Bewusstseins-Evolution als Geist-Aspekt der Natur.

Das neue Menschenbild

Ein anderes Schicksal als die Gestalt des Weltenschöpfers hatte die des menschennahen Gottes: jenes Gottes, der ‚unsere Gebete hört und bis in den letzten Winkel unserer Seele schaut‘. Er war eine Gestalt der religiösen Mythen. Sie ergab sich nicht aus der Reflexion, sondern aus der unmittelbaren inneren Erfahrung einer überlegenen, über unser Schicksal verfügenden Macht.

Religiöse Mythen sind im Zug der Bewusstseins-Mutation nicht durch Wissen ersetzt worden wie die erklärenden. Sie erwiesen sich als wahr; allerdings nicht als physisch wahr, wie man bei archaischer Weltsicht glaubte, sondern als psychisch wahr: als bildhafte Veranschaulichungen unanschaulicher, jedoch realer psychischer „Mächte". So erwies sich denn der menschennahe Aspekt der christlichen Trinität als Veranschaulichung des Selbst: der im Unbewussten gelegenen Führungsmacht der Psyche.

Dass dies heute so gesehen werden kann, beruht in erster Linie auf der Entdeckung der Projektion als eines unbewusst verlaufenden innerpsychischen Vorgangs. Diese fundamentale Entdeckung der Tiefenpsychologie ergab sich im Rahmen jener Erweiterung des Modells von S. Freud, die C. G. Jung vollzogen hat.

Der erste Schritt auf diesem Weg war Jungs Erkenntnis, dass Mythen als Gestaltungen des Unbewussten – und deshalb bildsprachlich – aufzufassen sind. Jung gelang es auch, den Code zu erschließen, in dem das Selbst seine Botschaften verschlüsselt. Auch wurde ihm klar, dass Mythen früher deshalb konkretistisch verstanden wurden, weil bei erst geringer Evolution des Bewusstseins das in großen Träumen und Visionen Geschaute in der Projektion wahrgenommen wurde, der Projektionsvorgang jedoch noch nicht durchschaut werden konnte. So ließ sich nun auch das Zustandekommen der archaischen Weltsicht erklären.

Mit dem Wissen um die bildsprachliche Struktur der Gestaltungen des Unbewussten gelang es Jung dann, die kaum überschaubare Vielfalt mythischer Gestalten und Geschehensabläufe – durch Gruppierung zu Synonymen – auf einige wenige Muster von Bedeutung (Archetypen) zurückzuführen. Damit hatte er, wie er später sagte, das Instrumentarium in der Hand, mit dem er die Struktur des Unbewussten erschließen konnte.

Dabei stellte er fest, dass das Unbewusste – im Sinne von Software – strukturiert ist; ferner, dass diese Struktur arteigen, d. h. im Zug der Evolution herangewachsen ist. Er nannte dies kollektiv. Schließlich entdeckte er, dass das menschliche Unbewusste – ebenso wie das arteigene Unbewusste aller Lebewesen – zentriert ist, d. h. dass sämtliche Lebensvorgänge und Verhaltensweisen ganzheitlich dirigiert werden.

Die zentrale Steuereinheit der menschlichen Psyche bezeichnete Jung bekanntlich als Selbst, um sie vom Ich – dem „Zentrum" des Bewusstseins – begrifflich zu unterscheiden. Bei dieser Sicht erwies sich das Ich – im Unterschied zur positivistischen, bei der es als Zentrum der Person aufgefasst wurde – als Subzentrum, das zumindest in existenziellen Belangen letztlich dem Selbst untergeordnet ist.

Mit diesem Modell, das Jung zwischen 1910 und 1920 erarbeitet hat, ist das neue Menschenbild in seiner Grundstruktur umschrieben. Seither ist es von positivistischen Wissenschaften bestätigt bzw. untermauert worden. Allerdings wurde der Begriff „Selbst" oft mythisiert bzw. bis in kosmische Dimensionen ausgeweitet. Theologen missbrauchten ihn sogar als Hintertürchen zur Wiedereinführung ihrer Übernatur. Indessen hat ihn dann der Hirnforscher Gino Gschwend wieder auf den Boden der Empirie heruntergeholt, indem er das neuronale Substrat des Selbst – das über die gesamte Großhirnrinde sich erstreckende Gesamtintegrationssystem – nachwies. Auch hatte die moderne Biologie (Molekularbiologie und Ethologie) erkennen lassen, dass alle Lebewesen als ganzheitlich dirigierte, sich selber regulierende Systeme zu verstehen sind, somit ihnen allen – sogar den Einzellern – ein Selbst zugesprochen werden muss.

Neue Auffassung von Religiosität

Schließlich hat Jung noch entdeckt, dass die Entwicklung des Ich nach einem arteigenen Programm verläuft: einem Programm, dessen Umsetzung im Verlauf eines individuellen Lebens vom Selbst vorangetrieben und überwacht wird. Auch zeigte er, dass psychische Ganzheit – Optimierung der Strebungen des Ich mit denen des Selbst – Ziel dieser Individuation ist.

Damit hat Jung dem heutigen Menschen – nach der areligiösen Zwischenphase des Positivismus – wiederum die religiöse Dimension erschlossen. Weil nämlich das Selbst vom Ich – wenn es sich diesem kundgibt – als Numinosum erlebt wird, bedeutet das Bemühen um Optimierung der eigenen Strebungen mit denen des Selbst Bemühen um jene Haltung, die in unserer sprachlichen Tradition als religiöse bezeichnet worden ist.

Erreicht ist religiöse Haltung jedoch erst dann, wenn sich die Gewissheit eingestellt hat, dass auf die Weisungen des Selbst Verlass ist. Diese Gewissheit ist das, was in der spirituellen Tradition Glaubensgewissheit (fides, qua creditur) genannt wurde. Sie kann aber nicht willentlich herbeigeführt werden, sie geschieht. Dass sie geschieht, liegt – bildlich gesprochen – im „Belieben“ des Selbst. Diese Gewährung wurde bei archaischer Weltsicht als „Gnade Gottes“ bezeichnet. Die Tiefenpsychologie hat dafür kein besseres Wort als Gnade, doch fasst sie diese nicht mehr als etwas auf, das vom Himmel herabfließt, sondern als innerseelisches Geschehen; ebenso versteht sie das Gebet als Sprechen zum Selbst.

Nun hat Jung nicht nur den Zugang zur Religiosität wieder erschlossenen. Er erschloss gleichzeitig eine neue Auffassung von Religiosität. War nämlich bei archaischer Weltsicht Religiosität immer Religiosität mit Religion, entspricht der neuen Weltsicht Religiosität ohne Religion. An der Echtheit religiöser Haltung ändert das nichts. Für diese spielt es keine Rolle, ob man sich die Macht, deren Willen zu beachten (religere) man bereit ist, „droben im Himmel“ vorstellt oder „in den Tiefen der Seele“.

Was ich hier geschrieben habe, kam aus einer objektivierenden Einstellung. Das Bemühen um Religiosität erfordert hingegen – wie die gesamte Individuation – eine existenzielle Einstellung. Da geht es nicht um Erwerb von Sachwissen, sondern um Bewusstwerdung. Bewusstheit zu gewinnen ist jedoch eine „Kunst“. Sie erfordert Know-how über die „Tücken der Seele“, die uns diesen Weg erschweren sowie über Hilfen, die ihn uns erleichtern.

Solange Religiosität nur als Religiosität mit Religion denkbar war, wurde dieses Know-how in reichem Ausmaß gewonnen. Im Schoß aller Religionen entwickelten sich nämlich Schulen der Spiritualität, z. B. die christlichen Mönchsorden, die Sufigemeinschaften, die Yogaschulen, der Ur-Buddhismus und der Daoismus. Trotz unterschiedlicher Vorstellungen über eine jenseitige Welt und jenseitige Wesen wollten sie oft Ähnliches: den Menschen dahin führen, dass er einen Zugang zu Transzendenz finde, den Willen Gottes bzw. der Götter erfahre, diesen bei seinen Entscheidungen berücksichtige und die Fähigkeit gewinne, die dabei gefassten Entschlüsse auszuführen. In heutiger Sprache: Sie begleiteten den Menschen auf dem Weg der Individuation.

Nun ist aber das Know-how, das die Schulen der Spiritualität erarbeitet haben, unserem Verständnis dann schwer unzugänglich, wenn es vor dem Hintergrund der archaischen Weltsicht formuliert wird. Unter Einsicht in die Dynamik des Unbewussten und seiner Symbolik sind wir aber relativ leicht in der Lage, es in unsere heutige Sicht und Ausdrucksweise zu übersetzen. Einige seit alters verwendete Methoden geistlichen oder spirituellen Lebens seien hier aufgezählt:

- Die Berücksichtigung von zielführenden oder korrigierenden Impulsen aus dem Unbewussten und dem Selbst, beispielsweise mit Hilfe von Intuitionen, Träumen, Imaginationen, Visionen.

- Methoden der Achtsamkeit, Kontemplation und Meditation. Dabei sind die östlichen Praktiken zu bevorzugen, da sie das „Leerwerden des Kopfes" fördern und damit den Strom innerer Erfahrung zum Fließen bringen.

- Das Gebet: Vor allem als Dank für empfangene – erleuchtende und helfende – Impulse aus dem Selbst sowie als Bitte um weitere Inspiration.

- Die Gewissenserforschung. Damit war früher das gemeint, was man heute in der Analytischen Psychologie Bewusstwerdung des persönlichen Schattens nennt.

- Askese im ursprünglichen Wortsinn verstanden als Training (grch. askéo, etwas einüben): Zum einen als Abgewöhnung seiner „ungeordneten Neigungen" wie z. B. der Neigung zu Überempfindlichkeit, zu Neid, zu Geltungsdrang, zum Lügen usw.; zum anderen als Angewöhnung positiver Eigenschaften wie Mäßigkeit, Aufrichtigkeit, Geduld, Gelassenheit usw.

- Gewissenskontrolle: Die Gewohnheit, sich mindestens am Ende jedes Tages Rechenschaft darüber zu geben, inwieweit es gelungen ist, das, was man sich an „asketischem" Bemühen in diesem Sinne vorgenommen hat, in gelebtes Leben umzusetzen.

- Lesung: Lektüre von Schriften, die sich mit dem Bemühen um eine religiöse Einstellung und Haltung befassen.

Werke von Willy Obrist bei opus magnum
(www.opus-magnum.de)

Die Mutation des europäischen Bewusstseins: Von der mythischen zur heutigen Weltsicht und Spiritualität
Eine Kurzfassung des Gesamtwerks
156 S., 2006, ISBN: 978-3939322016, € 14,90

Im diesem Buch hat Obrist das Wesentliche seines umfangreichen Werks knapp und übersichtlich zusammengefasst.

Religiosität ohne Religion
300 S., 2009, ISBN: 978-3939322184, € 24,90

Willy Obrist geht davon aus, dass Religiosität zum angeborenen Programm für die psychische Reifung des Homo sapiens gehört, aber einer zeitgemäßen Interpretation bedarf, in der sich Natutwissenschaft, Psychologie und Spiritualität miteinander versöhnen lassen.

Tiefenpsychologie und Theologie – Zwei Etappen der Evolution des Bewusstseins
192 S., 2009, ISBN: 978-3939322-17-7, € 24,90

Willy Obrist vermittelt eine Einführung in die Tiefenpsychologie und ihre brisanten Konsequenzen, die ihre Erkenntnisse für Kirche und Spiritualität haben. Der Mensch braucht nicht an einem archaischen und mythischen Weltbild festhalten, um seine Religiosität zu leben, da ihr Kern durch den modernen Wandel der Weltsicht nicht berührt wird.

Das Unbewusste und das Bewusstsein
196 S., 2013, ISBN: 978-3-939322-77-1, € 16,90

Willy Obrist zeigt, dass empirisch fundierte Modellvorstellungen der unbewusst-bewussten Psyche sich sowohl mit dem heutigen naturwissenschaftlichen Weltbild als auch mit dem menschlichen Bedürfnis nach Religiosität verbinden lassen.

Keine Materie ohne Geist
Natur als Quelle von Ethik und Sinn
288 S., 2021, ISBN: 978-3-939322-80-1, € 24,90

Materie und Geist, Psyche und Natur werden als komplementäre Aspekte einer einheitlichen Wirklichkeit gesehen. Eine zeitgemäße Ethik resultiert aus der Beziehung zur Ganzheit des Selbst.

Die Mutation des Bewusstseins
Vom archaischen zum heutigen Selbst- und Weltverständnis
308 S., 2021, ISBN: 978-3-939322-78-8, € 19,90

Willy Obrist stellt anhand umfangreichen ethnographischen, religions- und geistesgeschichtlichen Materials den Verlauf und die Gesetzmäßigkeit der Bewusstseins-Evolution dar.

Die Mutation des Bewusstseins fand in Europa statt
224 S., 2021, ISBN: 978-3-939322-79-5, € 14,90

Willy Obrist führt in diesem seinem letzten Werk den Nachweis, dass die Evolution des Bewusstseins, die zu einer Synthese von Wissenschaft und Religiosität führt, vor allem als ein Beitrag Europas an die Entwicklung des menschlichen Geistes zu sehen ist.